ADMIRÁVEL MUNDO
em que vivemos

EDITORA EME

Solicite nosso catálogo completo, com mais de 350 títulos, onde você encontra as melhores opções do bom livro espírita: literatura infantojuvenil, contos, obras biográficas e de autoajuda, mensagens espirituais, romances, estudos doutrinários, obras básicas de Allan Kardec, e mais os esclarecedores cursos e estudos para aplicação no centro espírita – iniciação, mediunidade, reuniões mediúnicas, oratória, desobsessão, fluidos e passes.

E caso não encontre os nossos livros na livraria de sua preferência, solicite o endereço de nosso distribuidor mais próximo de você.

Edição e distribuição

EDITORA EME

Caixa Postal 1820 - CEP 13360-000 - Capivari-SP
Telefones: (19) 3491-7000 | 3491-5449
Vivo (19) 99983-2575 | Claro (19) 99317-2800 | Tim (19) 98335-4094
vendas@editoraeme.com.br - www.editoraeme.com.br

WILSON CZERSKI

ADMIRÁVEL MUNDO *em que vivemos*

Capivari-SP
– 2017 –

A Editora EME mantém, ainda, o Centro Espírita "Mensagem de Esperança" e patrocina, junto com a Prefeitura Municipal e outras empresas, a Central de Educação e Atendimento da Criança (Casa da Criança), em Capivari-SP.

1ª edição - agosto/2017 - 3.000 exemplares

CAPA | André Stenico
DIAGRAMAÇÃO | Victor Benatti
REVISÃO | Editora EME

Ficha catalográfica

Czerski, Wilson, 1955
Admirável mundo em que vivemos / Wilson Czerski - 1ª ed. ago. 2017 - Capivari-SP: Editora EME.
272 p.

ISBN 978-85-66805-9544-010-4

1. Espiritismo e os problemas humanos.
2. Evolução espiritual. 3. Sexualidade e educação.
4. Visão espírita do destino. I. TÍTULO.

CDD 133.9

SUMÁRIO

Capítulo I

LARES

A VIDA INTELIGENTE EM OUTROS PLANETAS

ISAAC ASIMOV (1920-1992) estimava em 530.000 o número de planetas na nossa galáxia com civilizações tecnológicas. Calculando-se o número de estrelas que possuem sistemas planetários, de planetas com atmosferas propícias à vida, de planetas em que a vida inteligente pode evoluir e dos que teriam alcançado a tecnologia avançada e capacidade de comunicação interespacial, haveria entre dez mil e um milhão desses planetas, só na Via Láctea. Multiplique-se por 120 bilhões que é o número proposto de galáxias como o mais próximo da realidade atualmente e chega-se, literalmente, a astronômicos entre 1,2 e 120 quatrilhões de planetas com potencial de possuir vida inteligente no Universo.

Segundo cientistas ligados à Escola de Astronomia da Austrália, há mais estrelas no Universo do que grãos de areia em todos os desertos e praias da Terra. Considerando cada estrela com seis planetas em volta, teríamos 420 setilhões de mundos.

Em 2010, 80% dos cientistas acreditavam que nos 15 anos seguintes seriam encontrados planetas iguais à Terra girando em torno de sóis e eles estavam certos. Em abril de 2014 foi descoberto o sistema planetário da estrela Kepler-186, composto por cinco planetas, sendo que o último deles possui tamanho similar ao da Terra (apenas 10% maior) e se encontra na chamada zona habitável, isto tudo a 490 anos-luz daqui. Mas, por enquanto, ainda não se sabe do que esse planeta é composto.

E se esses planetas iguais ao nosso existem, 30% dos cientistas achavam que podia haver vida inteligente neles e esta probabilidade é de 1/100 bilhões, o equivalente a centenas de planetas habitáveis. Outros astrônomos estimaram em 30 bilhões o número de planetas iguais à Terra só na Via Láctea.

Embora nem sempre convergentes, são números capazes de causar vertigem aos pobres terráqueos. Realmente não estaríamos sós no Universo? Qual a fronteira entre a fantasia e a realidade? Que tipo de vida podemos esperar encontrar lá fora? Muito do que se investe na exploração do Cosmo, incluindo viagens não tripuladas a Marte, desde o primeiro sobrevoo em 1964 até o *Spirit* no início de 2004 e, no ano seguinte, da *Cassini* a Titã, a maior lua de Saturno, bem como a construção de poderosíssimos telescópios e redes de escuta, revela o grau de interesse do homem em obter tais respostas.

A pluralidade dos mundos habitados é o quinto princípio básico do espiritismo e aguarda o aval dos fatos materialmente demonstráveis. No momento oportuno, por conveniência divina da descoberta ou pelo desenvolvimento tecnológico humano, estará sendo desferido o golpe final contra o materialismo mecanicista em sua constrangedora insensatez, curando o homem da soberba que admite o acaso como responsável pela gênese universal, visto não poder reivindicar para si tal autoria. Para Allan Kardec, não há efeito sem causa e se o efeito é inteligente, necessariamente a causa também o é. Explicar a criação cósmica e do fenômeno da vida como obra do acaso é atribuir a este a inteligência, o que é um absurdo.

O tema da vida em outros mundos é tratado por Kardec em *O Livro dos Espíritos, A Gênese, O Evangelho segundo o Espiritismo* e na *Revista Espírita*. Resumimos algumas dessas informações. Na primeira obra mencionada, questões 55 a 58, é explicado que todos os globos no espaço são habitados, não possuem idêntica constituição física e, obviamente, nem seus habitantes.

São classificados em primitivos, de provas e expiações, regeneradores, felizes e os celestes ou divinos. Além destes haveria os de transição que atenderiam à necessidade de repouso temporário aos espíritos desencarnados há muito tempo. Tais moradores provisórios não ficam presos ali, mas como "aves de arribação". Mesmo nesta condição, progridem. Tais mundos não servirão eternamente a esta finalidade; sua superfície é estéril e não comportam seres corpóreos. A Terra já teria sido um deles durante sua fase de formação.

Duas conclusões importantes. Primeira: o conceito de vida dado pelos espíritos a Kardec não se restringe ao fenômeno biológico tal qual o conhecido por nós. Nos mundos superiores, seus habitantes deixam de possuir um corpo material como o nosso. Talvez os cientistas demorem para detectar manifestações inteligentes em suas explorações extraterrestres. Segunda: não devemos confundir mundos transitórios com colônias espirituais bem descritas em livros e recentemente no cinema como em *Nosso Lar*.

Duas diferenças fundamentais: as colônias não possuem constituição material como a que conhecemos. São resultantes das poderosas criações mentais de seres muito elevados. Têm existência real, mas a "matéria" de que são formadas possui particularidades expressivas em relação à nossa. É sutil, desfruta da invisibilidade, penetrabilidade, imponderabilidade, maior elasticidade e expansibilidade.

Em resumo, não pode ser percebida pelos nossos sentidos e aparelhos físicos atuais. A outra diferença é a destinação das colônias, funcionando, às vezes, também como pronto-socorro espiritual ou hospital de recuperação de espíritos recém-desencarnados, porém, com atividades outras como estudos e preparação para as futuras reencarnações.

JORNADAS NAS ESTRELAS EM BUSCA DE VIDA

AGORA, TRATAREMOS DAS características dos diferentes mundos e de seus habitantes, tudo segundo o relato dos mensageiros espirituais que coordenaram a codificação espírita. Traremos ainda mais depoimentos de cientistas acerca da possibilidade de vida em outras estâncias siderais.

O trabalho científico objetivando detectar a existência de outros tipos de vida inteligente diferente da nossa, tem duas vertentes. Uma pela astronomia ao perscrutar o Universo, quer pelos cada vez mais sofisticados aparelhos instalados aqui embaixo ou em órbita da Terra, quer por meio de complexas operações que envolvem sondas não tripuladas até planetas vizinhos. A outra passa pela física com especulações sobre universos paralelos, pluridimensionais, de mundos cuja existência estaria fora dos limites do tempo e do espaço.

Falamos sobre os muitos zeros que se seguem a certos algarismos representando as probabilidades de existir vida em outros planetas. E adiantamos que no contexto da filosofia espírita, os conceitos de vida nem sempre coincidem com os da biologia, sendo o daquela mais abrangente, criando dificuldades extras para a comprovação material do fenômeno.

Conforme Jesus, "há muitas moradas na casa do Pai". A Terra seria apenas uma entre milhões e de segundo nível, logo após os mundos primitivos. Para ganharmos tempo e espaço, antes de seguirmos em frente, recomendamos a leitura do capítulo III de *O Evangelho segundo o Espiritismo, O Livro dos Espíritos* (questões 55/58; 172/188; 234/236) e *Revista Espírita* (março/1858 e maio/1859).

O tema, ao envolver revelações mediúnicas isoladas sobre determinados planetas como Marte ou Júpiter, foi tratado com reservas por Allan Kardec, homem de pensamento racional e científico. Dizia que só ao futuro caberia confirmá-las ou não, visto que os espíritos falam do que sabem e nem todos sabem tudo.

A sonda Galileu lançada em outubro de 1989 pela NASA, sobrevoou a Terra e a Lua no dia 08 de dezembro de 1990. Foi a primeira vez que nosso planeta foi visto do espaço utilizando-se dos mesmos métodos para pesquisa de vida em outros mundos próximos e, afora a presença de uma grande concentração de oxigênio, nenhum tipo de vida foi detectado.

Para o físico Nikolaj Kardashev há três tipos de civilizações distribuídas no Universo. As mais adiantadas fixadas nos centros das galáxias; algumas em regiões intermediárias e as como a nossa, nas periferias. "Considero - disse ele - que os seres vivos e inteligentes, após determinado nível de desenvolvimento, devem modificar-se. Ao atingir o ponto máximo desse desenvolvimento, prescindem de corpo. Os seres são simplesmente fluxos energéticos privados de massa". Não é uma confirmação do que ensinam os espíritos?

Sergiej Petrovich declara sobre a possibilidade da vida em Júpiter: "Nós dependemos de oxigênio e água que produz anidro carbônico. Outros seres poderiam beber amoníaco (quase tão bom solvente biológico como a água), respirar azoto e devolver cianeto de hidrogênio. A atmosfera jupteriana contém metano, amoníaco e hidrogênio em grandes quantidades".

Para o astrônomo Seth Shestak, declaração de 2007, até 2015/2030 (e nós já chegamos a 2017) encontraríamos vida extraterrestre. Hoje só se consegue ver 1.000 sistemas solares. Nos próximos 25 anos veremos um milhão deles. Já Duncan Forgan, astrofísico da Universidade de Edimburgo (Escócia) declarou em 2009 que já haviam sido descobertos até então mais de 330 planetas fora do nosso sistema solar, estimando-se em 361 civilizações inteligentes em nossa galáxia e 37.964 fora dela. Hoje já são 3.610 exoplanetas catalogados.

Não há dúvidas quanto a existência de água em Marte e em Calisto, uma das luas de Júpiter. Em Titã, a maior de Saturno, há lagos de hidrocarbonetos. Seja atrás de vidas nos moldes da nossa ou de manifestação material menos ostensiva, o fato é que, em termos de exploração cósmica, mal estamos esticando o pescoço por sobre o muro do quintal do vizinho. Por enquanto só podemos contar com a lógica da filosofia e a revelação religiosa para desmentir a sentença de solidão que fascina os orgulhosos, frustra os místicos e entorpece os ignorantes.

O HOMEM E A CASA PLANETÁRIA – ANIMAIS, ANCESTRAIS E IRMÃOS

OPORTUNAS E NECESSÁRIAS as preocupações com a ecologia. E apesar das resistências encontradas em certas coletividades e mesmo países que insistem em sobrepor seus interesses particularistas acima dos da sociedade globalizada, muito já se tem feito no sentido de se criar verdadeiramente uma relação de respeito para com a natureza. Governos, instituições públicas e privadas, universidades e cientistas, ONGs e indivíduos em diversas partes do mundo têm oferecido estudos, alertas, iniciativas, programas e cuidados para não comprometer ainda mais a nossa casa planetária.

Os espíritos superiores ensinam-nos duas coisas básicas a esse respeito. Na questão 185 de *O Livro dos Espíritos* asseveram que não só os seres vivos evoluem do ponto de vista físico e moral, mas também os mundos, incluindo a Terra, estão submetidos à lei de progresso.

"Sofrerá ela uma transformação semelhante, tornando-se um paraíso terrestre, quando os homens se fizerem bons". E isto, de certa forma, nos tranquiliza, contrariando as previsões catastrofistas.

A outra observação extraímos da mesma obra, questão 540 onde somos informados que *"tudo se encadeia na Natureza, desde o átomo primitivo ao arcanjo, pois ele mesmo começou pelo átomo"*. Temos, então, que desde os primeiros esforços de organização celular, por trás está presente um princípio inteligente que nela atuará, buscando um desenvolvimento contínuo e simultâneo que lhe permitirá, de um lado, possuir um instrumento biológico cada vez mais aperfeiçoado, propiciando condições sempre melhores de expressão no plano material e, de outro, expandir o seu campo de experiências, incorporando ao seu patrimônio espiritual as aquisições obtidas graças a este mesmo desenvolvimento.

Deus não criou a alma humana pronta como a vemos manifestar-se hoje, dotada de inteligência, capacidade de raciocínio, memória, etc. Ao contrário, teve ela origem, segundo o autor espiritual André Luiz, há cerca de 1,5 bilhão de anos, habitando as mais rudimentares formas de vida biológica e desde então, num processo lento e difícil, acumulando experiências cada vez mais significativas, ascendeu à escala superior de desenvolvimento até atingir as faculdades que hoje caracterizam o ser humano. E irá além, trilhando os caminhos da razão em transição para a intuição, adquirindo recursos intelectuais e morais, seguirá sempre para frente em busca da sua autorrealização e cumprindo a destinação que lhe foi posta por Deus ainda naquele momento longínquo no tempo quando a criou.

Nesta jornada infinita, avizinha-se da época predita pelo Cristo em que faria coisas tais quais ele fizera e ainda muito mais. "*Sois deuses*", declarou em resumo.

Pois, muito bem. Como dissemos, no início, a total ignorância sobre essa destinação do homem, dos demais seres viventes e do próprio globo que deve, em breve – para a escala universal do tempo –, abrigar uma sociedade renovada em seus valores, substituindo a classificação de mundo de provas e expiações pela condição de regenerado, é que ainda nos deparamos com atitudes absurdas que agridem o meio ambiente.

Aqui, um novo presidente da maior e única superpotência mundial, a pisar em tratados que visam limitar a emissão de gases poluentes na atmosfera. Acolá, países atrasados cuja economia combalida depende do uso de recursos agressivos como fonte de energia. Razões econômicas, sociais, culturais e até religiosas, como o rio Ganges, determinam ações nefastas que comprometem em pequena, média e grande escalas a paisagem e a qualidade de vida do planeta. Mas, fundamentalmente, as causas de destruição estão no egoísmo e na ambição desenfreada. Desmatamento, queimadas, esgotos lançados nos rios e oceanos, produtos químicos no ar, espécies da flora e da fauna em extinção.

Vamos a alguns exemplos. Em 2002, no Círculo Polar Ártico, os esquimós cobravam de turistas 6.000 dólares para cada autorização de abate de morsas. É bem verdade que eles só fazem transferir um direito que lhes é conferido pelas leis canadenses.

Mas há outras matanças periódicas como a das focas, lá mesmo nas geleiras. Em março de 2004, as cenas sanguinolentas foram mostradas na televisão e revistas: homens armados com porretes abateram cruelmente 247.000 bebês-foca completamente indefesos, transformando a alvura do gelo em um manto vermelho. Um mês antes outros 100.000 haviam sido massacrados na província de Quebec. Motivo? Cerca de 33 dólares pelo couro de cada animal. O resto era tudo descartado.

Também no Ártico, ursos polares eram abatidos ao preço de 20.000 dólares por cabeça. Enquanto isso, na baía de Taiji, no Japão, em 2003, 60 golfinhos listrados ficaram encurralados numa enseada. Facas e arpões provocaram a morte lenta e dolorosa, literalmente num mar de sangue. Vinte e dois mil golfinhos, um dos animais mais inteligentes do planeta, morriam anualmente só na costa japonesa para fornecer carne aos humanos.

A prática continua, embora em menor escala, ao menos no caso das focas. Em 2010 foram mortas 217.000 e três anos depois o número caiu para 69.000. Dos golfinhos em Taiji, de setembro de 2013 até meados de janeiro do ano seguinte, mais de 600 foram mortos e 150 capturados vivos.

Nas savanas africanas, além da caça clandestina nas reservas, há os safáris promovidos pelos próprios governos para atender a sede de morte de estrangeiros endinheirados. Como o americano Pete Studwell que se orgulhava de já ter matado 11 ursos, 13 alces, um bisão, 300 veados e outros animais. No Zimbábue, a matança de leões, zebras, leopardos e elefantes rende 40 milhões de dólares por ano. Na Grã-Bretanha persiste a polêmica sobre a caça à raposa e o Japão se nega a suspender em definitivo a captura de baleias.

Um último exemplo de como tratamos mal os nossos companheiros de jornada, esse aqui mesmo no Brasil. A cena também é de 2004. O IBAMA apreendeu várias caixas de madeira em cujo interior estavam socados papagaios, araras, tucanos e outras aves, algumas de espécies ameaçadas de extinção. Noutra estrada do país, a Polícia Rodoviária Federal repetiu a operação encontrando macacos, tartarugas, peixes ornamentais da Amazônia.

Mas a maioria escapa da fiscalização. Anualmente os contrabandistas retiravam ou ainda retiram 38 milhões de aves, mamíferos, peixes e insetos das nossas matas, campos e florestas. Remuneram com míseros trocados os caçadores, nativos pobres da região, e revendem com lucros absurdos que se multiplicam até chegar aos destinatários finais na Europa e Estados Unidos. Totalmente deploráveis as condições impostas aos bichos: espaço exíguo, calor, falta de ventilação, cegueira proposital, mutilação de bicos e asas. Resultado: de cada dez animais capturados, nove morriam no transporte.

Se já não bastasse criarmos - com auxílio da recente engenharia genética - milhões de animais para nos servir de alimento, matamos para satisfação de desejos mórbidos e, diga-se, herdados do nosso próprio passado de ser que já estagiou pelo reino animal. É o instinto que ainda não cedeu completamente à razão. Por outro lado, milhares de pessoas dedicam-se com extremo desvelo à pesquisa e salvação de espécies ameaçadas de extinção e mesmo de indivíduos submetidos à ameaça de vida.

Há esperanças com os avanços importantes na legislação brasileira quanto à preservação de espécies nativas através do IBAMA. Ou a lei no Rio de Janeiro que concede aposentadoria a animais que tenham prestado serviços ao homem durante muitos anos. Em São Paulo, todo dono de cão tem que providenciar seu registro, garantindo com isso que não será recolhido para ser sacrificado inutilmente e também se possa exercer controle sobre condições de saúde evitando danos à população humana.

Allan Kardec, ao preparar *O Livro dos Espíritos*, dedicou o capítulo XI da segunda parte, quase inteiro, só para tratar de temas envolvendo as plantas e os animais. Destacamos a questão 597 onde se afirma que os animais possuem um princípio independente da matéria que sobrevive ao corpo; a 601, que diz estar eles também submetidos à lei do progresso e a 607, onde, entre outras coisas, somos esclarecidos de que é neles, os animais, que o princípio inteligente se elabora e se individualiza, ensaiando para a vida humana, quando, então, passará à condição de ESPÍRITO.

E acrescentam os benfeitores espirituais dizendo que *"Crer que Deus pudesse ter feito qualquer coisa sem objetivo e criar seres inteligentes sem futuro, seria blasfemar contra a sua bondade, que se estende sobre todas as suas criaturas"*. Para finalizar, a questão 734 sobre um suposto direito ilimitado do homem em aniquilar a vida dos animais. *"Esse direito é regulado pela necessidade de prover a sua nutrição e segurança. O abuso jamais foi um direito"*. E na seguinte, em relação à caça com o objetivo único do prazer de destruir sem utilidade, declaram: *"Predominância da bestialidade sobre a natureza espiritual... violação da lei de Deus... o homem tem o livre-arbítrio... e prestará contas do abuso..."* Será que é preciso dizer mais?

Respeitemos, pois, não só os companheiros humanos, mas estendamos o nosso carinho a todos aqueles que, mesmo movidos por impulsos inconscientes, anelam atingir o grau de adiantamento que hoje já desfrutamos. Irmãos menores como se referia Francisco de Assis, eles colaboram conosco, seja alimentando-nos, alegrando-nos, ornamentando o ambiente ou contribuindo de outras formas para tornar nossa passagem pela Terra mais agradável. Plantas e animais, sob tutela justa e bondosa dos homens, podem transformar a casa planetária em lugar muito saudável e feliz.

MEIO AMBIENTE: HERANÇA PARA FILHOS, NETOS, MANSOS E NÓS

A HISTÓRIA E mesmo o nosso dia a dia comum demonstram que faculdades humanas ou frutos dos avanços tecnológicos podem e devem ser avaliados não só pelo que significam em si, mas pelo uso que deles se faz. Invenções e descobertas como o avião, energia nuclear, os satélites artificiais ou a internet atendem tão bem ao progresso e conforto dos seres humanos como à sua degradação ou aniquilamento.

Da mesma forma, no terreno pessoal, a utilização da inteligência, do sexo, do dinheiro, talentos artísticos, poder. Às vezes, apenas uma questão de interpretação, geralmente forçada, para atender nossos desejos e interesses. É o caso de leis e religiões.

Livros de autoajuda são outro exemplo. Embora até valorizem e incentivem as relações interpessoais e o respeito ao próximo, o que a maioria das pessoas busca nestas obras são fórmulas mágicas para resolver problemas e obter vantagens - rápidas, abundantes, ao menor esforço e às custas dos outros. Ascensão profissional alcançada no acirramento da concorrência no trabalho, sucesso afetivo de satisfação egoística ou meras conquistas em aventuras efêmeras, êxito financeiro obtido, não raro, pelos atalhos ilícitos da corrupção ou dos direitos lesados de outrem.

No mundo prático de hoje, é difícil ser diferente e pensar-se primeiro nas necessidades alheias e depois em si. Pois que seja. Ao menos em relação aos cuidados com a nossa casa planetária. Afora os fenômenos cujas causas absolutamente não estão no poder do homem controlar, como os terremotos, por exemplo, o fato é que muitas das transformações observadas na Terra são de nossa responsabilidade. Temperaturas extremas quebrando recordes de muitas décadas, índices pluviométricos que provocam inundações, morte e destruição, secas prolongadas em áreas antes imunes a tais calamidades, aumento na frequência de furacões ou o aparecimento deles em regiões inéditas como o Sul do Brasil, e tantos outros.

Poucos estão efetivamente preocupados com o futuro do mundo que habitamos. Enfrentam heroicamente a imensa maioria que detém o poder de impor e fazer tudo que satisfaça o imediatismo e a ganância desmedida.

Por falta de educação social, econômica, ecológica e moral, quase todos nós damos o triste contributo para a deterioração do meio ambiente, em franco desprezo e ingratidão por tudo o que a Natureza nos oferece. Lixo nas ruas e córregos e pouca reciclagem, automóveis com motores desregulados emitindo excesso de monóxido de carbono na atmosfera ajudando no efeito estufa, o desmatamento indiscriminado e criminoso, o esgoto nos oceanos, a exploração desenfreada dos recursos naturais como a água doce e os frutos do mar. Fauna e flora comprometidas, *habitats* degradados, espécies em extinção.

Sabe-se que o progresso moral quase nunca acompanha o intelectual. A Terra se transformará em verdadeiro paraíso, conforme a questão 185 de *OLE*, citada atrás, mas isso somente quando nós nos tornarmos bons ou "mansos e humildes", segundo o Evangelho.

Aos que argumentam que a filosofia espírita faz apologia do sofrimento, aceito passivamente, e estimula a busca exclusiva da felicidade da alma na vida futura, em total detrimento daquela possível de ser desfrutada no hoje e no aqui, o esclarecimento acima prova o contrário. Afinal, para que serviria um planeta tão belo, habitado por seres bem dotados intelectualmente, sob o império da fraternidade e justiça, se não fosse para torná-los felizes desde este momento?

A vida é uma só, na Terra ou fora dela, encarnados ou como espíritos livres, e a felicidade é um direito de todos. Basta ter mérito individual e coletivo para vivenciá-la. Um dos argumentos mais frequentes a favor da responsabilidade ecológica é que disto depende a qualidade de vida de nossos filhos e netos. O espiritismo diz mais. Está em jogo o futuro de todos nós, moradores atuais. Retornaremos pelas portas da reencarnação para sermos nossos próprios netos ou bisnetos. Ou outro aparentado qualquer. Ou, ainda, alguém sem vínculos com a atual família consanguínea.

Mas estaremos aqui para prosseguir no aprendizado, no crescimento espiritual, no desenvolvimento de nossas potencialidades para confirmar o "sois deuses" do Cristo. E também para colher o que estamos semeando hoje, incluindo as reações da Natureza. A reencarnação é uma abençoada lei natural da vida. O resto é da alçada de cada um, até a sobrevivência do nosso planeta azul.

DEUS PROVÊ O NECESSÁRIO À VIDA, MAS O SUPÉRFLUO ESTÁ LEVANDO O PLANETA À EXAUSTÃO

NO ORÇAMENTO DOMÉSTICO ou na administração das empresas, conceito básico é o do equilíbrio entre receita e despesa. Um negócio só se torna minimamente viável quando a soma dos numerários que entram iguala a somatória de saídas. Se as receitas superam as despesas, surge a poupança ou o lucro que pode ser canalizado para a aquisição de bens ou serviços proporcionando mais conforto ao lar ou servindo de capital a ser reinvestido no aumento do negócio, no caso das empresas. Se as despesas forem maiores e não se contar com novos créditos como empréstimos ou financiamentos, a falência estará a caminho para as últimas e o não atendimento das necessidades, mesmo as mais básicas, ocorrerá nos grupos familiares.

Fala-se muito em desenvolvimento sustentável. É consenso de que não se pode mais explorar indefinidamente os recursos naturais da Terra, a começar pela água. Nem se comprometer irresponsavelmente a qualidade do ar e do meio ambiente.

Em uma vida globalizada onde qualquer ação humana repercute sobre os demais seres vivos, impossível fechar os olhos para tais realidades. E a Terra está chegando à exaustão, mas o homem parece pouco disposto a mudar o estilo de vida, cada vez mais insaciável, consumista e ambicioso.

Uns não querem abrir mão da hegemonia econômica que já detêm. Países desenvolvidos veem na limitação de emissão de gases na atmosfera um entrave à produção. Os emergentes se sentem no direito de reivindicar mais espaço no cenário mundial e diminuir a distância daqueles que apresentam níveis invejáveis de bem-estar material. E os terceiromundistas sonham com a fuga da miséria que proporcionaria condições mínimas de vida digna para seus povos.

A equação de receitas e despesas está em desequilíbrio. O que produzimos só é suficiente para atender as necessidades de 5,1 bilhões de pessoas e já somos mais de sete bilhões. Um bilhão passa fome e vastas regiões carecem de melhores condições de saúde, higiene, educação.

Muitos acham que a solução está no controle da natalidade. A China fez isso arbitrariamente durante 35 anos, proibindo os casais de terem mais do que um filho. Em certos países a taxa de reposição da população está com déficit, mas na maior parte dos continentes africano e asiático o número de filhos por casal é muito alto. A cada dia a diferença entre nascimentos e mortes é de 213.000 pessoas. Como sustentá-las e como pensar em 2050 quando saltaremos para 9,2 bilhões de pessoas?

É direito e dever da sociedade incluir nas prioridades a oferta de recursos que possibilitem aos indivíduos estabelecer a quantidade de filhos que desejam e se julgam capazes de criar. Isto contribuiria para a diminuição do desequilíbrio. Mas a raiz do problema não é esta e sim o excesso de consumo.

A mentalidade hoje é "Consumo, logo existo". Consumo desenfreado e desnecessário. Queremos sempre mais, tudo que é novidade mesmo que o objeto que possuímos ainda funcione perfeitamente. É assim com os computadores, celulares, *smartphones,* as sucessivas gerações de MP (som). Se possuímos um automóvel, logo achamos que precisamos de dois. Ou três. O mesmo com os televisores, um em cada peça da casa e cada vez maiores. Roupas e calçados abusamos, ostentamos e pouco usamos. Logo descartamos.

Anos atrás um americano jogava no lixo 27% dos alimentos que adquiria. Com 25% disso, 20 milhões de pessoas poderiam ser alimentadas. Se na Somália dois milhões passavam fome, 66% dos americanos estavam acima do peso.

A indústria da reciclagem é pouco eficiente e utensílios antes mandados para conserto, hoje vão diretamente para o lixo porque não compensa o custo do reparo se comparado ao novo que acaba por substituí-lo. Para produzir um quilo de aço gasta-se 280 litros de água. Para um microchip são 32 litros; um quilo de papel gasta 325, uma camiseta 2.700 litros e um quilo de bife consome 15.400.

Muito podemos individualmente, começando pelo exemplo de evitar a todo custo o desperdício de água, energia elétrica, alimentos, roupas e calçados. Valiosa lição aos filhos, tornando-os cidadãos conscientes e responsáveis. Mostremos o viés espiritual da questão. Quem herdará o planeta senão nós mesmos que aqui retornaremos pelas portas da reencarnação? Como iremos encontrá-lo se não zelarmos pela sua limpeza, salubridade e potencial de manutenção da vida?

As questões 704 a 707 de *O Livro dos Espíritos* tratam da lei de conservação. Deus impõe a necessidade de viver, mas fornece os meios que não faltarão aos homens desde que se contentem com o necessário e deixem de lado o supérfluo. A escassez de uns deve-se ao egoísmo de outros. E Kardec comenta:

> Há para todos lugar ao Sol, mas com a condição de aí tomar o seu, e não o dos outros. A Natureza não poderia ser responsável pelos vícios da organização social e pelas consequências da ambição e do amor-próprio.

capítulo II

EVOLUÇÃO

A EVOLUÇÃO ESPIRITUAL

A EVOLUÇÃO DO ser espiritual não principia no estado humano. A escalada se faz de modo conjugado entre a matéria e o princípio inteligente. Acoplado ao átomo mais simples já existe uma manifestação de ordem superior representativa da energia consciente que move o Universo, embora longe de ser individualizado.

O princípio inteligente começa a instalar-se na matéria que lhe servirá de arcabouço, sempre renovado pelo processo de recapitulações sucessivas e, através delas, ampliando suas aquisições experienciais, desenvolve capacidades de expressão que exigem formas ou suportes materiais cada vez mais aperfeiçoados.

Operação muito bem sintetizada pela seguinte frase de Léon Denis: "*No mineral, a alma dorme; no vegetal sonha; no animal agita-se e no homem desperta*". André Luiz e Emmanuel, pela mediunidade de Chico Xavier, afirmam equivalências ao referirem-se à faculdade que orienta o princípio inteligente no seu progresso espiritual: a atração nos minerais, a sensação nos vegetais, os instintos nos animais e a razão nos homens, acrescentando-se a divindade nos superiores a estes. De nossa parte cremos que nesse último estágio prevalece como guia seguro a precisão da intuição.

Interessa-nos mais do estágio animal em diante porque o homem não passa de um animal racional. Infelizmente, muitas vezes, esquecido dessa distinção, deixa-se embrutecer pelos instintos mais primitivos, rebaixando-se diante dos irracionais pela adoção de comportamentos cruéis e desvairados.

Os instintos são uma espécie de inteligência rudimentar, úteis ao progresso e conduzem o homem, às vezes, com mais segurança do que a própria razão. O descontrole, a exacerbação dos mesmos é que se torna prejudicial ao equilíbrio do ser humano.

Governados pela razão, passamos por longo e difícil aprendizado sobre as leis divinas, especialmente as morais, leis essas que guardam pouca ou nenhuma semelhança com as instituídas pelos homens, transitórias e imperfeitas por natureza, variáveis conforme os costumes e necessidades de cada tempo e lugar da civilização.

De qualquer forma, a meta é tornar as leis humanas o mais próximas possível das divinas. Deus leva em conta mais a intenção do que o ato em si. O conhecimento das leis morais aumenta o grau de responsabilidade de cada ato que passa a ser consciente e voluntário.

Ao emergir dos reinos inferiores, onde estagiou na condição de espírito embrionário, e alcançando a experiência humana para iniciar nova etapa evolutiva que marca o seu nascimento propriamente dito como individualidade, surge ele simples e ignorante.

Daí que Deus não pode julgá-los todos da mesma forma em face de que o tempo em curso da jornada é diferente. Um age sem ter consciência do mal que pratica enquanto outro o faz por livre e espontânea vontade, contrariando as legislações divinas, humanas e a voz da própria consciência, sufocando-a para atender ao impulso das paixões inferiores.

Sob esse ponto de vista é compreensível que sendo o livre-arbítrio uma faculdade adquirida pelas vias da evolução, as decisões no planejamento que antecede à reencarnação, não são iguais para todos os espíritos. Muitos há que intencionam claramente dar continuidade à prática da maldade ou projetos de vingança.

A estes são interpostos obstáculos aos objetivos perpetrados quando podem extrapolar em graves comprometimentos às coletividades. Recebem orientação, oportunidades de corrigir a rota, o convívio com pessoas boas e capazes de demovê-los dos propósitos funestos. E até mesmo podem ter interrompida a caminhada com acidentes mutiladores ou que lhes põem termo à vida.

Outros, julgados pelo tribunal das próprias consciências, das quais no plano espiritual já não podem fugir e, sabedores de que, pela lei de causa e efeito, terão que arcar com as consequências decorrentes de seus atos, enfrentarão muitos sofrimentos. Se dependesse somente de seus desejos, sequer reencarnariam. Permaneceriam indefinidamente na dimensão espiritual, ainda que estacionados e em situação dolorosa. Interferem então os espíritos benfeitores e verificam-se as chamadas reencarnações compulsórias.

Além disso, certas existências de privações e dores vão além da prova, entrando no sublime terreno missionário. Mortes precoces de pessoas boas e dignas, atribuídas à fatalidade, e que, não raro, tanto revoltam aos menos esclarecidos, são sintomas de tarefa cumprida. Separam-se temporariamente por serem mais úteis e mesmo mais felizes lá do que aqui, enquanto que para os que ficam será uma provação de paciência, fé, resignação e humildade diante das determinações divinas.

Somos arquitetos do nosso destino, senhores do futuro, mas em grande parte escravos do passado. A cada um segundo suas obras. A sementeira é livre, mas a colheita é obrigatória. Contudo, sempre a misericórdia do Pai se faz presente, atenuando a expiação pelo nosso arrependimento sincero e iniciativa de reparação ou pelas oportunidades de trabalho que nos são oferecidas permitindo que paguemos o mal pela prática do bem.

A TRANSIÇÃO INTELECTO-MORAL DOS ANIMAIS AO HOMEM

QUE OS ANIMAIS, especialmente algumas espécies, apresentam rudimentos de inteligência, não é novidade. Disto temos muitos exemplos. O surpreendente é a constatação de que alguns deles possuem algo como um certo senso moral. A revelação está numa matéria da Revista *Veja*, edição 2001, de 28 de março de 2007 e tem por base, principalmente, o livro *Primatas e filósofos: Como a moralidade evoluiu*, do biólogo holandês Frans de Vaal.

Os chimpanzés não sabem nadar, mas se arriscam nos tanques dos zoológicos na tentativa de salvar seus companheiros em apuros. Os macacos *rhesus* - de onde provém a classificação sanguínea em Rh + e negativo - experimentados na situação de ter que puxar uma corrente que dava choques elétricos nos vizinhos para obter comida, preferiram passar fome.

Destas e outras observações resulta que a moral e a ética parecem não ser exclusivas ao ser humano. Segundo a filosofia, elas são produto da inteligência e da razão e, em geral, têm-se os animais como irracionais. Mas há quem pense que a evolução de algumas espécies, as mais próximas do homem, tenham-nas, na verdade, já gravadas no próprio DNA.

Na questão 593 de *O Livro dos Espíritos* os benfeitores espirituais esclarecem que nos animais há mais do que simplesmente instintos. Há neles certa inteligência incipiente ou limitada.

E para não deixar dúvidas, na 597, informam que esta inteligência capaz de, em pequeno grau, atenuar o determinismo biológico, dando-lhes um pouco de liberdade de ação e expressão de vontade íntima, sobrevive ao corpo físico. Não é, ainda, propriamente, um espírito, mas o princípio inteligente que faz parte da cadeia evolutiva referida na questão 540 (do átomo ao arcanjo).

Todos os seres animados são destinados à perfeição e todos partem do mesmo ponto, mas nem todos ao mesmo tempo porque Deus está sempre criando. Hoje, talvez, bilhões já atingiram esta perfeição relativa e vivem em mundos mais evoluídos. Outros estão nos primeiros estágios, nos vírus, nas amebas ou outros elementos desconhecidos nossos. O homem está, por assim dizer, no meio do caminho. Já deixou para trás - a maioria - o primitivismo do puro instinto, já desenvolveu faculdades intelectuais e morais, além do sentimento. Muito ainda há que percorrer e melhorar para atingir os níveis superiores.

Por sua vez os animais estão um degrau abaixo. São governados pelo instinto, mas nas espécies superiores, seu princípio inteligente está próximo do momento de receber a oportunidade de reencarnar como humanos primitivos, quer aqui na Terra ou em outros planetas apropriados.

Nesta fase final de ciclo, ao atingir o limiar da humanidade, já possuem, além dos rudimentos da inteligência, esboços de sentimentos peculiares ao estágio seguinte. Isto porque, embora quase nunca o aperfeiçoamento intelectual seja acompanhado pelo moral, nem por isso ambos deixem de representar as vias mais características de progresso do espírito humano. Numa reencarnação o indivíduo pode se destacar mais no campo das ciências; na outra pode optar ou ser "conduzido" a trabalhar mais as artes, o humanismo, as emoções.

Então, nos animais, ao mesmo tempo que percebemos, aqui ou acolá, claras manifestações de inteligência "quase humana", é de se esperar que também despontem exteriorizações que denotem um senso ético, não só entre os de sua espécie, como em relação a outros animais e ao próprio homem.

Quando vemos o papagaio cinza do Congo (*Psittacus erithacus*), estudado na Universidade do Arizona, pela Dra. Irene Máxime Peperberg, demonstrar capacidade linguística de uma criança de dois anos e raciocínio para solução de problemas para o nível de uma criança de quatro e que reconhece cores, domina conceitos abstratos como quantidade, dimensões e posições de objetos, trata-se, indiscutivelmente, de talento intelectual.

Mas quando presenciamos cenas como as citadas em *Veja* ou de uma cadela amamentando um porquinho, uma cobra convivendo pacificamente com um rato e outras tantas variações e, principalmente, quadros comoventes envolvendo as relações de certos animais com os homens, difícil acreditar que ali esteja presente apenas um instinto cego. Nem mesmo a domesticação de exemplares selvagens, o amestramento ou a busca interesseira por proteção e alimentos explicam todas as ocorrências.

Esta transição animal-homem talvez esteja representada fisiologicamente no número de conexões neuronais com que os animais nascem. Nas últimas décadas pesquisas levadas a efeito pela neurociência e a etologia (ciência do comportamento) evidenciam uma relação na formação do sistema nervoso dos animais, em particular, do cérebro.

Os animais inferiores nascem com número maior de conexões entre os neurônios. Ou seja, apresentam menor flexibilidade de aprendizado. Praticamente seu comportamento futuro já está ali selado, como fruto de uma programação prévia. Predominam totalmente os instintos da respectiva espécie. São quase incapazes de apresentar progressos significativos durante a vida.

Ao contrário, nos animais superiores, o número de conexões é baixo e aumentará gradativamente a partir dos estímulos que receber do ambiente (natureza) e da socialização com outros indivíduos e com o homem. No caso dos répteis, 98% das conexões do animal adulto são as mesmas que nos recém-nascidos, enquanto nos cães este percentual cai para 75%. É o que poderíamos chamar de novos espaços cedidos ou conquistados ao implacável determinismo biológico pelo livre-arbítrio nascente e libertador que desabrochará por inteiro no futuro ser humano.

Uma última reflexão. Comparando várias virtudes, no dizer de Emmanuel, dos nossos "irmãos menores" como fidelidade, paciência, dedicação, doçura, desprendimento e os muitos vícios dos humanos, com infeliz destaque para a violência que assola nossos grandes centros urbanos, fica a dúvida sobre o que é preferível: os animais "quase humanos" ou os homens "quase animais"?

O PAPEL DA DOR EM NOSSAS VIDAS

NINGUÉM GOSTA DE ser visitado pela dor, seja física ou moral. Se a primeira representa um alerta de que algo não vai bem com o corpo, as dores morais são indicativas de que a alma está enferma. Mas há uma grande diferença. Geralmente, uma dor de cabeça ou desconforto digestivo são reflexos de uma situação recente, como, por exemplo, uma gripe ou um excesso alimentar que comprometeu as funções hepáticas. Resolve-se com medicação. Entretanto, as dores que provêm da alma, mais insondáveis, de difícil diagnóstico, na maioria das vezes estão relacionadas com o passado mais recuado, não raro, com erros e abusos cometidos em vidas passadas.

O justo e misericordioso mecanismo da reencarnação proporciona a oportunidade de promovermos a autocura através da busca do equilíbrio perdido ou afetado durante longo tempo e que agora reclama a medicação apropriada. O sofrimento não é um mal em si. Ele tem por fim despertar a consciência anestesiada pela ilusão que a fez se desviar do caminho do bem e fazê-la retornar à conduta correta.

A dor tem um papel a ser melhor avaliado. Longe de ser vilã, é uma aliada no seu progresso. É uma dedicada professora que pretende ensinar a nós todos o que devemos e o que não devemos fazer. Pela lei de causa e efeito, toda ação tem uma reação - a segunda não necessariamente absoluta na natureza e intensidade como muitos pensam -, mas de qualquer maneira, sempre presente na vida das pessoas. É mais ou menos o "com ferro fere, com ferro será ferido" ou, mais apropriadamente, "a cada um segundo suas obras".

Este papel eminentemente educativo do sofrimento deve ser reconhecido como tal, mas nem sempre somos obrigados a experimentá-lo. Evitaríamos muitos dissabores se, primeiro, tivéssemos certeza de que a lei divina prevê esse tipo de cobrança, não por iniciativa pessoal de Deus, porém por uma autorregulação automática que alcança o culpado onde quer que esteja, desde que seja o momento adequado ou necessário. Conscientes de que todo erro traz em seu bojo uma consequência, abdicaríamos de praticar muita coisa que sabemos inadequada, mas teimamos em executar na ilusão de que podemos enganar a justiça divina.

Um segundo fator inibidor das práticas nocivas está no uso correto da inteligência. Há quem ache que esta é sinônimo de esperteza. Muita gente passa boa parte de suas vidas só arquitetando maneiras de ludibriar, tirar vantagens, "passar a perna nos outros", "dar um jeitinho" ou claramente cometendo delitos através da corrupção, da violência, etc.

Para muita coisa que nos acontece na vida presente, o único remédio possível é suportar resignadamente as aflições e desenganos afetivos, as frustrações profissionais, os problemas e limitações de saúde, os determinismos sociais, econômicos, climáticos e outros. Contorna-se com paciência e muita fé em Deus e, também, em si mesmo, de que se é capaz de reverter muitas situações e minimizar outras tantas.

Mas, sabendo que colheremos amanhã a semeadura de hoje da mesma maneira que temos no presente a colheita obrigatória do passado, inteligente é o indivíduo que aprende as lições da vida e passa a educar os pensamentos, emoções e sentimentos, raiz de tudo de bom e ruim que nos acontece. Através delas movimentamos energias poderosas capazes de repercutir no ambiente, nas outras pessoas, na psicosfera do planeta e, com muito mais razão, em nós mesmos, o mais afetado.

Essas energias, se negativas, impregnam-se no corpo sutil da alma, fixando-se na memória extracerebral. E lá permanecem, nesta encarnação, após ela enquanto desencarnado, e acompanham-no durante a encarnação seguinte até o momento em que são dissipadas pelo poder do amor, pela prática do bem e da abolição das condutas que lhes deram origem.

Convites para nos alinharmos com o bem e selecionarmos a boa sementeira não nos faltam. Mas poucos os aceitam. Flores, pássaros e rios convidam-nos para o respeito à Natureza, mas preferimos a negligência com o lixo ou a exploração predatória, resultando em catástrofes ou no esgotamento da fertilidade do solo e extinção de espécies vivas.

Um sorriso de criança encanta, mas esquecemos que um dia ela será adulta e precisa ser bem cuidada, com amor e a firmeza dosada da educação disciplinadora para fugir aos equívocos de tudo poder fazer e tudo ter direito de possuir.

A beleza física é convite à expansão do amor, mas escravizamos pelo ciúme e cometemos crimes passionais aniquilando quem dizemos amar. Bens transitórios como fama, dinheiro e poder que permanecerão aquém do túmulo, poderiam ser úteis em mãos hábeis na multiplicação do bem social, mas se tornam razão única de vida, conduzindo à frustração, aos processos depressivos, ao suicídio. Por isso, a dor seguirá caminho conosco ainda por muito tempo.

O PODER DAS PAIXÕES

A PRIMEIRA DEFINIÇÃO do *Aurelião* explica que paixão é o sentimento ou emoção levados a um alto grau de intensidade, sobrepondo-se à lucidez e à razão. Mais abaixo dirá que é arrebatamento ou cólera; disposição que contraria a lógica; fanatismo e cegueira. Talvez por isso Aristóteles afirmou que as paixões são bestas selvagens.

Para Descartes elas servem para fortalecer e conservar na alma os pensamentos convenientes e só se tornam prejudiciais quando duram mais do que devem ou por conservar outras inúteis. Russeau e Diderot concordavam que as paixões são úteis porque se deseja conhecer o que se usufrui, mas Fénelon e Pascal resumiam o grande drama humano à luta da razão contra elas.

Os filósofos antigos dividiam-se quanto ao papel reservado às paixões na vida do ser humano. Descartes reconhecia suas manifestações no ódio, no amor, na alegria e na tristeza, vendo nesses sentimentos a ocorrência de experiências passivas. Ninguém delibera experimentá-las. Sofre-se sua ação. São percepções e conhecimentos do exterior. O contraponto da vontade e da razão está não em senti-las, mas em conhecê-las e exercer controle sobre elas. Se até os animais podem ser adestrados, coloca o positivista, com mais razão o homem, que é racional, pode dominá-las.

Temos paixão por pessoas, pelo futebol, pelo trabalho ou por uma profissão em especial, pelos animais, pela natureza, por uma arte, por roupas, joias, automóveis, por política, dinheiro, livros, por uma ciência ou religião. As paixões podem motivar a criação, as conquistas, a realização de sonhos. E podem conduzir ao abismo dos vícios, à destruição das amizades, ao fanatismo, aos crimes, à própria morte.

As quatro principais "perturbações" da alma, segundo Santo Agostinho - alegria, tristeza, desejo e medo - constituem os fundamentos da psicologia moderna. Há outras. Allan Kardec cita o orgulho, a ambição, a avareza, o ciúme e a inveja. Leibniz entende que as inquietações ou percepções confusas somam-se e criam desejos de prazer. Levados ao excesso formam as paixões.

A mais conhecida paixão é o sentimento de arrebatamento e posse nutrido por outra pessoa. A ciência fornece explicações que contrariam as teses românticas. Os apaixonados apresentam níveis mais elevados de alguns hormônios e neurotransmissores como a dopamina, noradrenalina, feniletilamina e a oxitocina. Finda a crise que dura entre 18 a 30 meses, predomina a endorfina, responsável pela sensação de segurança e tranquilidade.

É a estabilidade do amor e da amizade. A paixão afetiva, com seu forte componente sexual, cria dependência química mais potente que o vício da heroína.

A presença do ser amado provoca reações orgânicas como expressão do sentimento de necessidade afetiva exacerbada e felicidade quando atendido o desejo. As paixões ativam as áreas mais primitivas do cérebro ligadas ao prazer da fome e sede quando saciadas, ou pelo uso de drogas no viciado. Estudo apontou que os níveis de serotonina dos apaixonados são idênticos aos dos pacientes que sofrem de transtornos obsessivo-compulsivos.

As paixões afiguram-se negativas e perigosas, moralmente opondo-se às virtudes. A quantidade e intensidade delas tornam ou mantêm o corpo espiritual mais denso, determinando a reencarnação, pela atração que mundos grosseiros como a Terra exercem sobre ele.

Constituem ponto nevrálgico nos processos obsessivos em que seres encarnados e desencarnados, em flagrante desequilíbrio emocional, interagem entre si, causando enfermidades físicas e mentais, fracassos pessoais, dificuldades profissionais e uma infinidade de desconfortos.

Influem na transição da morte, no 'antes' e no 'depois'. Prendem a alma ao corpo, aumentam-lhe as incertezas e temores e agravam, quando não as provocam, as enfermidades. O momento da desencarnação transforma-se em agonia. Debate-se o indivíduo que não quer se separar de seus bens e afeições. 'Após', a duração da perturbação, para ele é mais longa e penosa. Custará mais a perceber o amparo dos benfeitores espirituais e alcançar o mínimo de equilíbrio e paz.

De volta aos filósofos, Demócrito dizia que a medicina cura as doenças do corpo e a sabedoria livra a alma das paixões. Aristóteles ensinava que a virtude era o hábito de moderar as paixões pela razão. Russeau entendia que um povo sem moral fica à mercê das paixões para as quais existem as leis, porém, estas só funcionam algumas vezes para deter os maus, sem jamais torná-los bons. Tal como Kardec em *Obras Póstumas*, para quem até as boas leis só coíbem as más paixões, sem destruí-las, funcionando mais como mecanismo repressor do que moralizador.

Do tópico *Das paixões*, de *O Livro dos Espíritos*, resumimos: as paixões têm seu princípio na natureza e não são um mal em si mesmas; são como alavancas que decuplicam as forças do homem e o ajudam na realização dos objetivos da Providência. O mal está no seu abuso. Reaparece ali a ideia aristotélica de que as paixões são como um cavalo, útil quando dominado, mas perigoso quando descontrolado.

A paixão real é o exagero de uma necessidade ou sentimento. Está no excesso e não na causa e aproxima o homem da natureza animal. Para vencer as paixões, o que falta é vontade, mesmo naquelas que parecem irresistíveis. Quando se consegue êxito, representa triunfo do espírito sobre a matéria.

Comparando homens civilizados e primitivos, as paixões, inexistentes nos animais, mas já presentes nos selvagens, são um sinal de progresso, pois indicam atividade e consciência do eu; enquanto na alma primitiva, a inteligência e a vida estão em estado de germe.

A REFORMA DA NOSSA CASA ÍNTIMA

IMAGINE QUE VOCÊ seja uma casa cuja construção tenha começado há muito tempo e tem dois problemas. Primeiro, você nunca conseguiu terminá-la totalmente e, segundo, que mesmo com algumas partes prontas, você não conseguiu deixar como gostaria e outras já estão necessitando de reparos. Ou seja, você pensou, analisou e concluiu que ela precisa de uma reforma geral.

Então você troca ideias com familiares e profissionais e elege prioridades ou ataca todos os problemas de uma só vez, mas sempre tudo muito bem planejado. Faz orçamentos e decide quanto investir, a fonte dos recursos e o tempo da reforma.

Esta moradia que você está pensando reformar é a sua própria casa espiritual. Você concluiu que não está satisfeito com o modo como exprime os sentimentos e age no mundo e agora pretende promover uma grande reforma íntima.

Por onde começar? Pelos pequenos desvios de conduta ou pelos grandes vícios, se houver? O que falta nela? O que é prioritário? Se for segurança, invista na oração e na vigilância, segundo recomendado pelo Cristo. Se for a decoração, substitua os velhos hábitos de agressividade, teimosia, mau humor, mentira ou qualquer outro por quadros harmoniosos, feitos de compreensão, palavras de desculpas.

Coloque flores de sorrisos em cada aposento espalhando o perfume da alegria. Com os vizinhos, se você for daqueles que preferem se manter à distância, limite-se a não fazer aos outros o que não quer que lhe façam, mas, se possível, derrube muros, gere amizades e faça aos outros tudo o que gostaria que lhe fizessem. Sua casa espiritual será admirada pelo bom gosto da simpatia e solidariedade.

Cada um de nós é um complexo somatório de tudo que já adquirimos em dezenas ou centenas de existências antes desta, temperado pela influência dos genes e os fatores familiares e sociais do meio ambiente. Tudo isso constitui a nossa personalidade atual. Mas não somos obrigados a aceitar este papel no grande teatro da vida sem reparos nem desempenhar sempre o mesmo. O que conta é a nossa individualidade, dinâmica e versátil, capaz de representar papéis sempre melhores, a cada peça representada, a cada existência terrena.

Cabe-nos continuar erigindo o edifício do nosso eu, o ser imortal, e ir reformando onde necessário para chegarmos também à condição de seres perfeitos e felizes. "Sois deuses", disse Jesus.

São muitas as dificuldades para realizar a reforma íntima, mas a principal de onde quase todas as outras decorrem, é a falta de maturidade, de conscientização profunda a respeito da verdadeira vida que é a espiritual. O "clarear por dentro", conforme expressão do mentor Emmanuel, faz com que em vez de buscarmos a "faxina interior", vejamos os próprios defeitos em nossos semelhantes.

Mecanismo de fuga ou transferência em que o indivíduo, sentindo-se impotente para encarar suas fraquezas e imperfeições, projeta-se nos outros. O autoconhecimento preconizado por Sócrates é um processo complexo e, não raro, doloroso, por desnudar aquilo que, a custo, sempre tentamos ocultar. Ninguém gosta de ver os próprios defeitos e eles estão lá quando fazemos uma análise fria e imparcial sobre nosso caráter.

Nutrimos o desejo de um mundo perfeito quando ainda estamos repletos de imperfeições porque somos movidos por um impulso natural de progresso. Aspiramos à felicidade, embora se equivocando quanto ao lugar onde procurá-la. Esquecemos que ela é conquista pessoal, construída no templo do próprio coração e não nas ilusões exteriores, nos prazeres efêmeros da carne.

E quais seriam os caminhos para iniciarmos ainda nesta reencarnação a indispensável reforma íntima? Uma vez que aprendemos a nos conhecer e reconhecer os pontos positivos e negativos, dedicar especial e persistente atenção ao trabalho de fortalecer os primeiros e eliminar os últimos.

Embora para alguns as grandes mudanças possam ocorrer repentinamente, as versões modernas de Saulo de Tarso na estrada de Damasco são raras. Vemos pessoas submetidas a experiências traumáticas sofrerem processos assim. Acidentes, um transplante longamente esperado, uma Experiência de Quase-Morte, a perda de um filho em certas circunstâncias, revelações mediúnicas.

O normal são as lições e mudanças ocorrerem muito lentamente ao que se acresce a lembrança das palavras do apóstolo Pedro ao afirmar que "o amor cobre uma multidão de pecados". Cair, levantar, cair para levantar uma vez mais até se tornar tão rijo quanto uma rocha e não tombar mais. Lembrar que o sofrimento não é castigo, mas o preço pago, o sacrifício para contemplar o mundo do topo da montanha, ascensão feita passo a passo, degrau a degrau.

Praticar o amor incondicionalmente, perdoar as ofensas, cultivar as leituras edificantes, a oração, a música relaxante e o contato com a natureza. Segundo Paulo, "tudo nos é lícito, porém, nem tudo nos convêm". É preciso entender que a reforma íntima ou transformação moral, a morte do homem velho, vicioso, iludido e infeliz no homem renovado, virtuoso, consciente e feliz, só se alcança por muito esforço e perseverança no Bem.

A INTEGRAÇÃO DO HOMEM COM DEUS

JESUS, EM CERTO momento, afirmou: "Eu e o Pai somos um", o que motivou, em parte, alguns séculos mais tarde, a instituição do dogma da Santíssima Trindade, no seio da Igreja Católica. Evidentemente, Cristo aludia ao fato da perfeita identificação existente entre ele e Deus, ao caráter de integração entre ambos, sem, contudo, representar a fusão de sua individualidade no Ser Supremo. De certa forma, o mesmo podemos desejar todos nós, a despeito da incomensurável distância que ainda nos separa desta realização plena, dado o atual grau evolutivo em que nos encontramos, a maioria.

Recordamos de uma frase recolhida de uma obra esotérica, há quatro décadas, e que hoje talvez se encaixe bem nas denominadas de autoajuda, cujo enunciado é o seguinte: "Eu estou em Deus e Deus está em mim". São palavras que contêm significado e força expressivos, convenhamos. Mas, estaria correta e seria possível? Vejamos.

Um dos atributos de Deus é ser todo-poderoso, onipotente. Em decorrência, é também onisciente, tudo sabe - conforme corroborado na questão número um de *O Livro dos Espíritos*. Ele tudo conhece, isto é, por ser absolutamente perfeito, poderoso e sábio, governa o Universo com total consciência de tudo o que nele ocorre. Nada pode estar fora ou ser fora d'Ele. Se os espíritos em geral, segundo a questão 456 e seguintes da citada obra, podem conhecer nossos pensamentos mais secretos, o que dizer daquele que está acima de tudo e de todos? É o que se confirma nas palavras do Cristo, reproduzidas pelo evangelista Mateus, no capítulo VI, versículo 6, ao afirmar que " (...) o Pai vê o que se passa em segredo", ao tratar do modo de orar.

Assim sendo, Deus conhece cada pensamento nosso, todas as reações emotivas, as expressões mínimas de sentimentos manifestadas exteriormente ou somente vivenciadas no âmago do ser. Com mais razão, são conhecidas todas as nossas ações. Mas conhecer não significa ocupar-se com cada pensamento infantil do homem. Seria comparável ao professor universitário que fiscalizasse uma criança ocupada com a alfabetização na fase pré-escolar. Deus é, também, onipresente, está em todo lugar, possivelmente através do Fluido Cósmico Universal que constitui o princípio material do Universo.

E deve ser neste meio energético, o éter dos antigos filósofos, que se registra tudo o que ocorre na dinâmica da vida, individual e coletiva, da ordem espiritual, bem como o pulsar contínuo da Natureza. É processo automático, sem exigir de Deus um esforço consciente de dirigir sua atenção permanente para todos os seres, cuidando individualmente de cada um deles.

A movimentação de energias, das quais uma das mais poderosas é o pensamento, gera em torno de nós um campo vibratório, uma atmosfera pessoal de forças, luzes e cores (aura) que se estende, entrelaça e interage com as das outras pessoas, constituindo importante fenômeno da vida de relação, ainda despercebido pelos sociólogos.

Somos cidadãos cósmicos e estarmos em Deus significa nos sentirmos envolvidos por Ele tal qual quando de um mergulho completo e relaxante na água. Confere uma sensação total pela consciência de que a Divina Providência, como sábio intendente que é, prevê e provê as necessidades de Suas criaturas, alegoricamente representadas por Jesus, na maravilhosa citação dos pássaros, lírios do campo e tesouros do coração, que não dispensam, porém, o trabalho próprio de cada ser.

Deus estar em nós, fato inconsciente para a maioria, é desejar e permitir sermos trespassados física e espiritualmente pela força da Vida. É absorver o fluido vital, é entrar no compasso harmônico da Natureza, é sentir-se parte dela e do próprio Criador, é deixar que a Vontade Suprema nos conduza, tornando-nos instrumentos do Pai para colaborar na consecução da grande obra divina.

Porque, então, chegado e este estágio de plenitude da razão e do sentimento, não haverá mais divergências, apenas coincidências de vontades. Sem renunciar ao exercício do livre-arbítrio e sem perder nossa individualidade, poderemos aspirar, como o Cristo já alcançara, à unidade com o Pai.

capítulo III

SAÚDE

A SAÚDE DO CORPO E DA ALMA

ATUALMENTE, COM O fantástico avanço da medicina, não nos faltam alertas sobre os cuidados com a saúde. São recomendações, principalmente preventivas, que vão desde dieta alimentar balanceada que evite o excesso de sal e gorduras e a criação do hábito de consumo de verduras e frutas, até a insistência sobre a importância de se praticar exercícios físicos.

Pode-se quase dizer que hoje só fica doente quem quer. Eliminar vícios e adquirir hábitos saudáveis, cuidando bem da alimentação, do repouso, controlar o estresse e fazer exames periódicos contribuem decisivamente para evitar o aparecimento de enfermidades ou, ao menos, controlar algumas manifestações decorrentes de tendências genéticas ou da idade.

No estágio evolutivo em que nos encontramos, temos necessidade incontornável de reencarnar na Terra para obter os aprendizados que só aqui estão disponíveis. Dia chegará em que poderemos seguir trabalhando e desenvolvendo potencialidades mais refinadas só na dimensão espiritual.

Para alguns personagens, vistos pela Humanidade como especiais, destaques em áreas do humanismo, da religião, das ciências, isso até já ocorreu. São espíritos iluminados, detentores de grandes virtudes morais e vasto conhecimento intelectual, acumulados ao longo dos milênios e dezenas ou centenas de reencarnações. Ninguém consegue nada de graça - ou pela graça divina. Somos frutos de nossas próprias obras, herdeiros dos próprios pensamentos, atos e sentimentos. Até Jesus, provavelmente, o ser mais evoluído que já passou por aqui, percorreu este caminho, se não aqui na Terra, mas em outros mundos densos como o nosso.

Voltando ao nosso tema, não existe corpo doente, mas alma enferma. Aquele é o exaustor desta. Serve para drenar a energia malsã acumulada nas profundezas do ser. Tudo o que aflora no corpo é reflexo da nossa ação, quer movida pelo livre-arbítrio consciente, quer comandada ainda pelo primitivismo do instinto. Até a hereditariedade genética não é fruto do acaso, má sorte ou arbitrariedade divina. Tudo tem sua razão de ser, uma origem.

As leis biológicas só fazem cumprir o papel da Lei Maior de justiça a expressar as necessidades íntimas de reparação de erros e abusos cometidos no passado, recente ou distante. Há situações, tanto no terreno físico como no moral, que só a dor pedagógica pode proporcionar a recuperação da harmonia e equilíbrio com a vida.

A lei de causa e efeito vigora para todos os seres racionais, os que agem motivados pelo saber do que é certo e do que é errado. Mesmo quando se diz vítima da ignorância para justificar uma falta cometida, está enganando a si mesmo. Descontando os costumes sociais, variáveis conforme a época e o lugar, todo indivíduo sabe que matar, roubar, estuprar, corromper está em desacordo com a moral. Ou, ainda, que o ódio, a ambição desenfreada, a inveja, o desejo de vingança e outros sentimentos negativos constituem posturas que agridem aos outros e a si mesmo.

Para sermos felizes, já neste mundo, sem ter que esperar um paraíso imaginário, depois da morte, necessitamos de educação espiritual. Não basta instrução, transferência de conhecimento sobre interesses meramente humanos, ligados somente a esta vida passageira. Precisamos aprender a fazer as escolhas certas para a alma. Dentro deste contexto, a saúde, embora do corpo, é de vital importância para o êxito do espírito em cada jornada terrestre.

Com o uso da sabedoria que nos faz ver a vida por um prisma especial, reconhecendo os valores perenes - *os tesouros do céu* -, sem se deixar embriagar pelos prazeres materiais, trataremos o corpo como uma ferramenta, um veículo essencial à manifestação do espírito. O *mens sana in corpore sano* do poeta Juvenal talvez fosse mais adequado ser transformado para *Animus/anima* (alma) *sano/sana in corpore sano.*

A interação entre corpo e alma, por meio do perispírito, é dinâmico, permanente e intenso. Boas condições de saúde afetam o humor, o temperamento, as atitudes e o tipo de energia que circula na intimidade da alma. Já os bons pensamentos, hábitos mentais saudáveis como o cultivo de leituras edificantes e outros tipos de lazer, a oração, as atitudes corretas, respeitando a voz da consciência e decisões certas na manutenção do corpo só farão com que este trabalhe perfeitamente equilibrado.

Mais que isso, tanto os bons cuidados como os abusos praticados contra o corpo nesta reencarnação, ressurgirão na próxima na forma de bem-estar ou doença. Portanto, investir na saúde agora é garantia de futuro mais feliz, tanto físico como mental.

DOENÇAS: CRISE DE ENERGIA VITAL

AO REENCARNAR, O ser humano vem programado para viver "x" anos, diretrizes espirituais fixadas em sua bagagem genética previamente escolhida e elaborada. Todavia, devido aos excessos que habitualmente comete, acaba vivendo bem menos. O fumante, por exemplo, a cada cigarro encurta a sua vida em 11 minutos. Se fumar um maço por dia e tornar-se viciado aos 20 anos, se fosse viver 80, viverá somente 72. Dez por cento da vida, precioso patrimônio ofertado por Deus para seu progresso, simplesmente jogou no lixo. Pior: perante as leis divinas tornou-se um suicida indireto e terá que prestar contas por este ato leviano e irresponsável, além de arcar com as consequências nefastas das lesões físicas transferidas para o seu perispírito. Retornará ao mundo material em futura encarnação com sérios problemas instalados nos pulmões, garganta ou cérebro, se vítima de derrame, e outras predisposições mórbidas anexadas aos genes.

A regra vale para o alcoólatra em relação à cirrose hepática, aos sexólatras de todo tipo: sadomasoquistas, ninfomaníacas, prostitutas, estupradores, cafetões, abortadeiras, pedófilos e promíscuos. Não seria diferente para os viciados em drogas. Some-se a este quadro de efeitos perispirituais drenados ao futuro corpo físico os efeitos dos delitos morais ali embutidos. Todos os pensamentos desequilibrados, todas as emoções destrambelhadas, palavras nocivas e imorais repercutem na intimidade do ser, registram-se e provocam consequências que deverão ser reparadas.

Qualquer tipo de exploração do semelhante e malversação dos recursos próprios atingem os mecanismos de equilíbrio e justiça, comprometendo-os e exigindo de seu agente uma ação de efeito contrário para que retorne à posição inicial porque fazem parte das leis naturais da vida superior e o homem não pode infringi-las impunemente.

Ficamos a nos perguntar quanto de energia desperdiçamos. Quantas horas envolvidos com coisas absolutamente fúteis, conversas maledicentes, as fofocas, as críticas, os comentários cruéis, distorcidos, invejosos, caluniosos, as piadas imorais. Quanto tempo perdido na frente da televisão com programas de conteúdo de violência, sexo gratuito, sensacionalismo, especulações da vida alheia, filmes e novelas que introduzem dentro dos lares ideias, hábitos e valores que provocam a desagregação individual e familiar.

E hoje a principal moda, as redes sociais que muitas vezes servem ao bem, contudo, na imensa maioria dos casos, absorve milhões de indivíduos com assuntos absolutamente irrelevantes, de caráter pessoal, que nem deveriam ser revelados ou de terceiros na forma de especulação, intriga, crítica e por aí afora. A título de se manterem bem informados e compartilhamento de experiências, trocam a convivência real pela virtual, despendem tempo que afirmam insuficiente para atender outros compromissos ou interesses, mas não se importam em 'queimá-lo' com trivialidades que nada acrescentam ao ser.

Não que o espiritismo seja contrário aos meios de comunicação como veículos de informação e entretenimento, mas num momento em que essas informações chegam-nos com cada vez mais velocidade e quantidade, não será hora de selecionarmos melhor o que vamos ver, ouvir, ler e acessar pela internet? Se gastarmos muito tempo com frivolidades, quando dedicar atenção às coisas realmente importantes? E quanto à corrida para ganhar mais e mais dinheiro, perfeição estética e poder, a idolatria?

E, de repente, vem o "apagão". Primeiro, enfermidades: acidentes cardiovasculares, derrames cerebrais, um câncer. Quantas delas poderiam ser evitadas se usássemos do corpo por aquilo que ele é, instrumento de manifestação do espírito e não uma máquina de uso indefinido e que dispensa manutenção. E aí a correria, o esforço insano, o estresse para vencer a qualquer custo, ser o melhor, o mais bem remunerado, o mais rico do bairro, o mais importante, tudo fica à mercê do destino para alguns, da sorte para outros e, por incrível que pareça, até de Deus segundo alguns que só então se lembram que Ele existe. Ocorre que os "apagões" biológicos são alertas do pior que pode estar por vir, mas nem todos recebem esse aviso. Muitas vezes, quando acordam, literalmente, já não pertencem mais ao mundo dos vivos. Aí é tarde demais. O que ganharam? O que levaram? O que sobrou?

Na condição de espíritos encarnados num mundo como o nosso, o espiritismo está longe de propor vida ascética, cercada de proibições exageradas como os irmãos muçulmanos e muitos dos segmentos evangélicos e Testemunhas de Jeová. Temos que estar no mundo sem sermos do mundo. Essa conduta forçada que fere o direito individual de escolha deve ser condenada, até porque em geral não conduz às transformações verdadeiras, profundas, conscientes e duradouras por carecer de base racional. Os indivíduos devem ser incentivados a amadurecer o seu senso crítico, sua capacidade de julgamento para distinguir entre o certo e o errado, mas a religião não deveria ter a autoridade de impor métodos ou regras de comportamento. A adesão deve ser espontânea, pessoal e racional.

De qualquer forma fica a analogia da falta de energia elétrica que, de tempos em tempos, ameaça o país, com aquela da energia vital que um dia sobrevirá a todos nós. Se a utilizarmos com parcimônia, de modo sempre construtivo para si e para os outros, no momento que sua reserva chegar ao fim, devolveremos à natureza os despojos carnais de consciência tranquila, convictos de que agimos conforme o esperado e, muitas vezes, prometido por nós. Se abusarmos e abreviarmos o fim, por termos nos entregado ao excesso dos gozos materiais, isto nos custará muitas lágrimas e muito tempo de atraso na marcha do progresso pessoal.

É justo ao homem procurar viver bem, trabalhar, repousar, divertir-se, tudo, porém, com equilíbrio porque da realidade espiritual ninguém escapa. Ela nos aguarda na alfândega da morte onde receberemos a fiscalização de todos os nossos atos e só depois o passaporte para as diferentes regiões conforme determinado pelo peso e qualidade do material inventariado. Retornar para corrigir? Acontecerá um dia, só não sabemos quando. Pode demorar séculos. Vamos nos sujeitar à tão aflitiva espera ou vale a pena desde agora fazer por onde garantir o direito de um destino mais feliz na nova dimensão?

A FOFOCA AGRADA, MAS PREFIRA A ORAÇÃO

PESQUISADORES INGLESES DESCOBRIRAM que a fofoca faz bem à saúde. Segundo eles, enquanto se fala mal dos outros, o cérebro libera serotonina, o neurotransmissor que provoca a sensação de bem-estar. Isso faz supor que este e outros hormônios "benéficos" são produzidos pelo cérebro em situações semelhantes.

Os sovinas devem sentir prazer em guardar dinheiro e os gastadores compulsivos, também, ao se entregar ao consumo excessivo. Quem rouba se compraz por vários motivos: pela audácia do ato - servindo como fator de autoafirmação -, pelo resultado econômico imediato obtido e, talvez, pela usurpação do alheio em si.

Há algum tempo, aqui em Curitiba, um rapaz foi filmado por uma câmara instalada dentro do elevador, comemorando intensamente, abraçado ao produto do furto que acabara de realizar. Já houve casos de políticos flagrados em notório estado de felicidade ao pôr a mão em propinas.

Um estuprador comete seu delito e sente prazer sexual, inerente, aliás, ao ato, mesmo em circunstâncias normais, mas agregado à sensação de poder, da posse do proibido, do infringir social e moral. Além da endorfina, o cérebro libera, no momento do orgasmo, outra substância, a oxitocina. E quanto mais dela o organismo produzir, maior também a liberação da dopamina, responsável pelo controle do sistema de recompensa cerebral.

Isso tudo poderia nos fazer concluir que o ser humano é mau por natureza, quase como num determinismo biológico. Realiza a sua felicidade à custa do sofrimento de seu semelhante. E, de fato, isso é verdadeiro na medida em que, quem pratica esses atos, demonstra uma quase absoluta imaturidade moral e consequente atraso espiritual. Guiado por um egoísmo exacerbado, não se importa com a ética, ignora ou, por conveniência, finge ignorar, valores religiosos e regras sociais e aproveita-se dos outros até oportunista e sadicamente, diríamos, para tirar vantagens, espezinhando todos os que estão à sua volta.

A boa notícia, porém, é que atos bons também conduzem ao mesmo resultado de felicidade. Solidariedade, caridade, o amor em quaisquer circunstâncias, o sexo responsável, a renúncia, a dedicação ao bem do próximo induzem o cérebro a produzir serotonina, dopamina, endorfina, oxitocina, espalhando pelo corpo uma onda de bem-estar, relaxamento e paz.

No homem, alma e corpo interagem o tempo todo. O cérebro é a cabine de comando da primeira sobre o último. Tudo o que a alma ou espírito determinar pela vontade para o corpo realizar, repercutirá neste e àquele retornará na forma de impressões profundas. E tudo, positivo ou negativo que o corpo se permitir fazer por conta dos impulsos físicos, também ascenderá à alma, reforçando ou atenuando, expandindo ou inibindo e controlando desejos, temores, aspirações.

Portanto, aos fofoqueiros exultantes com a revelação inglesa, um lembrete: a maledicência pode até causar satisfação mental e física, mas não fará nada bem no campo moral. Continua sendo um hábito desagradável, revestido de componentes imperceptíveis, por enquanto, até mesmo aos cientistas. Quem adora falar mal dos outros precisa estar ciente que a palavra, expressão do pensamento ordenado, irradia energias sutis que envolvem o falante e os ouvintes.

Atrai influências negativas de outras mentes encarnadas e desencarnadas que se lhe associam e reforçam seu modo de pensar. Energias estas que, juntamente com outras pertencentes a diversos vícios morais, desequilibram a mente e ressoam mais profundamente no ser.

Já pensar e falar bem, orar por si e pelos outros, dedicar-se a leituras edificantes, empregar bem o tempo no trabalho honesto, ao lazer sadio, à prática de *hobbies* e às artes, isto sim, agrega, eleva, purifica, produz saúde e bem-estar autênticos e mais duradouros. Sejamos inteligentes: diga não à fofoca e sim ao verbo que constrói, alegra e ilumina.

EUTANÁSIA: MAIS DE UM SÉCULO DE DISCUSSÃO

FALAR DE SAÚDE é falar da vida e também da morte. Em 2006 os debates em torno da eutanásia completaram um século, quando o Estado de Ohio, nos EUA, rejeitou proposta no sentido de autorizá-la legalmente. Um ano antes, o caso da norte-americana Terri Schiavo incendiou a polêmica em torno da sua prática. Outro caso célebre ocorreu em 1976 com a também americana Karen Ann Quilan. Após entrar em coma decorrente de uma intoxicação com soníferos e álcool, cerca de um ano depois, seus pais obtiveram autorização judicial para desligar os aparelhos que lhe mantinham a alimentação e respiração.

Mas o surpreendente é que o prognóstico de que morreria entre quatro e seis dias não se confirmou e o passar do tempo fez com que a família voltasse atrás e pedisse o religamento dos aparelhos, o que a fez sobreviver por mais 10 anos, embora jamais tenha saído do coma. Mas há casos extraordinários em que após muitos anos neste estado considerado irreversível, o paciente recobrou a consciência. Foi o que aconteceu com Terry Wallis, em 2003, vítima de acidente de automóvel e que acordou após 19 anos.

A doutrina espírita, em princípio, é contrária à eutanásia. Compartilha com outros segmentos religiosos e correntes filosóficas do princípio de que o direito de retirar a vida de alguém pertence exclusivamente àquele que a forneceu, isto é, Deus.

Em relação à eutanásia constata-se uma diversidade de possibilidades, o que dificulta a apresentação de soluções prontas e definitivas. Afinal, há a eutanásia ativa, quando o apressamento da morte ocorre por médicos ou familiares ao se ministrar drogas, por exemplo, ou pelo auxílio prestado ao paciente para que ele próprio consuma o ato. Pode caracterizar-se aí o homicídio de um lado e o chamado suicídio assistido de outro.

E há a eutanásia passiva onde simplesmente retiram-se suportes técnicos que mantêm artificialmente a vida do indivíduo. Há que se diferenciar também os casos em que o paciente foi, após meticulosos e repetidos exames clínicos, diagnosticado como em morte encefálica, daqueles acometidos por doenças degenerativas graves em que a consciência permanece intacta.

Podemos resumir dizendo que o espiritismo opõe-se firmemente à forma ativa e sempre que houver a menor possibilidade do paciente recuperar a consciência, ainda que parcialmente. No capítulo V, item 28 de *O Evangelho segundo o Espiritismo*, o mentor São Luís alerta que ninguém tem o direito de prejulgar os desígnios divinos nem tampouco assegurar que o momento fatal de um moribundo tenha chegado. "*A ciência jamais se enganou em suas previsões?*" - pergunta. "*O materialista* - continua ele - *que não vê senão o corpo e não considera a alma, não pode compreender essas coisas... o que se passa além-túmulo... o valor do último pensamento... esse minuto pode poupar muitas lágrimas no futuro...*".

Conforme a questão 68 de *O Livro dos Espíritos*, a morte decorre do esgotamento dos órgãos. Na questão 156 os mentores declaram que o corpo é uma máquina e a vida existe enquanto o coração lhe fizer circular o sangue, mas para isso não necessita da alma que, às vezes, já o abandonou, restando-lhe somente a vida orgânica. Manter artificialmente o funcionamento do coração, pulmões e rins, é preservar-lhe a vida? De que vida estamos falando? Cremos que não se deve manter o espírito prisioneiro a um corpo que já não lhe serve ou que ele está impossibilitado de governar.

Logo, o prolongamento indefinido da vida biológica humana, a chamada distanásia, além do aspecto econômico, mostra-se inútil e até contraproducente para o espírito que animava aquele corpo, visto que, embora sem nenhuma possibilidade de retomá-lo, é forçado a manter-se atado a ele pelos laços energéticos do perispírito. Tempo perdido, aflição desnecessária, desajustes mentais e no perispírito, tudo para satisfazer o egoísmo de parentes ou praxes legais enrijecidas.

Se a missão está terminada, ao se desligar os aparelhos, o espírito se liberta e desencarna porque já estava fora, ligado apenas por um ou poucos fios energéticos do perispírito ao corpo físico, atado a ele, e falta de caridade é, sim, obrigá-lo a permanecer ali. Não haverá "um último pensamento" através daquele cérebro danificado ou bloqueado. Continuará pensando; está pensando, vendo e sofrendo, mas sem poder se manifestar. Caso contrário, se não chegou o momento, mesmo o desligamento não culminará com a morte, como em Mary Ann. Repetimos, se houver chance de retomar a consciência, como espírito encarnado, ele o fará, com ou sem aparelhos.

Divaldo Pereira Franco declarou em mais de uma ocasião que, pessoalmente, quando verificada a morte encefálica, é favorável ao desligamento dos aparelhos. Chico Xavier, inquirido sobre o caso Karen Ann, disse que se tratava de um problema envolvendo a lei divina de causa e efeito, mas que a retenção artificial da alma ao corpo sempre se dá *"a título precário, sem ligação com as definitivas realidades da vida"*.

AINDA A EUTANÁSIA: DE HIPÓCRATES A TERRI SCHIAVO

SE A DISCUSSÃO da "era moderna" sobre a eutanásia iniciou há pouco mais de um século, nem por isso deixou de existir antes disso. O juramento de Hipócrates, 400 a. C. parece ter sido uma reação em defesa da vida devido a procura aos médicos da época por enfermos desejosos de morrer ou por parentes destes, para a administração de drogas que lhes abreviassem o sofrimento. Francis Bacon, em 1605, propunha que cabia aos médicos não só curar, mas proporcionar *"uma morte doce e aprazível"* quando já não houvesse mais esperança de cura.

Há várias classificações de eutanásia como a eugênica, econômica, criminal, experimental, profilática, solidária, todas em termos de coletividade. Nas individuais, há a consentida, a por compaixão, a ativa e a passiva. Esta, às vezes, é denominada de ortotanásia quando há a omissão ou suspensão do tratamento, incluindo medicamentos, nutrição ou desligamento de aparelhos. Esgotadas todas as possibilidades de cura, busca-se apenas proporcionar conforto e poupar sofrimento ao paciente, dando-se livre curso à natureza.

Foi o que aconteceu com Terri Schiavo que teve a sonda, que lhe fornecia água e nutrientes, retirada pela terceira e definitiva vez até que morresse 13 dias mais tarde. Aspecto jurídico importante foi o marido ter insistido durante 12 anos que a esposa tivesse verbalmente expressado o desejo de não continuar vivendo caso lhe sucedesse um acidente desta natureza.

Nomeado seu guardião legal, tomou todas as decisões sobre ela, alijando os pais do processo. Falava-se de um seguro de vida no valor de um milhão de dólares em seu nome. Já do ponto de vista médico, o detalhe mais polêmico foi que Terri não podia ser considerada em morte encefálica. Só parte do cérebro, o córtex, responsável pelas atividades conscientes - pensamento, emoções, memória - havia sido destruído após a falta de oxigenação, decorrente de uma parada cardíaca, consequente a um tratamento exagerado de emagrecimento, 15 anos antes.

O estado vegetativo de Terri não atingia o tronco encefálico que controla as funções básicas como respiração e atividade cardíaca. E mais: ela movia a cabeça, os olhos, reagia à presença das pessoas. Vídeos mostraram sensibilidade às palavras da mãe ao ouvido, esboçando um sorriso. Para os médicos que cuidaram dela, eram movimentos puramente reflexos. Segundo eles, Terri não podia sentir dor, nem fome ou sede. Mas especialistas brasileiros consultados pela revista *Veja* (nº 1899 - 06/04/05) afirmaram que ela poderia, sim, sentir um beliscão, por exemplo, porque o tálamo continuava funcionando.

E a alma ou espírito de Terri onde estava durante todos estes anos? Embora tecnicamente fale-se em eutanásia passiva ou ortotanásia, a nosso ver, por mais sofisticados sejam os aparelhos atuais no diagnóstico da atividade mental de um ser humano, não se pode assegurar categoricamente que Terri não tivesse um grau mínimo de consciência. E mesmo que não a possuísse, nem por isso seu espírito estava ausente.

Nos estados comatosos reversíveis ou não, o paciente, como se sabe, mantém-se inconsciente. Para este mundo. Na verdade, mesmo em meio à perturbação deste estado peculiar, parcialmente desligado do corpo físico, impedido de se manifestar por ele e ao mesmo tempo não totalmente livre na dimensão espiritual, muitas vezes, tem algo de consciência do que lhe ocorre como provam as Experiências de Quase-Morte, bastante pesquisadas principalmente nos Estados Unidos.

Se a analogia com o termo vegetativo é válida, lembre-se que outras pesquisas demonstraram que muitas plantas são sensíveis à dor e apresentam alterações em polígrafos e galvanômetros à presença de ameaças como se pressentissem a intenção de agressão partida dos humanos. Os reinos da natureza encadeiam-se no processo evolutivo do princípio inteligente que sonha nos vegetais, agita-se nos animais e desperta no homem, no dizer de Léon Denis ou que é sensação nos primeiros, instinto nos segundos e razão nos últimos, segundo expressão do autor espiritual André Luiz.

Terri Schiavo não era somente um aglomerado aleatório de células, tecidos e órgãos. Se o "penso, logo existo", de Descartes, é um conceito filosófico importante para caracterizar a consciência do próprio ser, que ninguém duvide que o espírito da americana não havia perdido, como não perdeu ainda e nem perderá nunca, a capacidade de pensar e de reconhecer-se única e viva para sempre.

Quanto às razões espirituais, esta difícil experiência, certamente tinha conotações provacionais ou expiatórias que desconhecemos, para ela e os envolvidos mais diretos. De qualquer modo a justiça terrena pode ser cega, a presunção humana conduz a equívocos, mas as leis divinas não falham em hipótese alguma. Nestas circunstâncias, matar pela fome e sede pode ter libertado Terri, mas aprisionado, pela lei de causa e efeito, todos os que deliberaram pela sua partida compulsória e precipitada. Talvez contem com os atenuantes de boas intenções, mas os reajustes aguardarão numa esquina próxima da vida imortal.

capítulo IV

SEXUALIDADE

OS JOVENS NÃO SABEM NAMORAR

CARACTERIZADO PELO SUAVE encantamento e por um doce mistério, dois seres descobrem um no outro, de modo imprevisto, motivos e apelos para a permuta de emoções e entrega recíproca, desencadeando a partir daí o processo de atração física. Esta poderia ser uma definição de namoro de algumas décadas atrás. Se preferirmos o dicionário, diz-nos o *Aurelião* que namorar é "procurar inspirar amor... cativar, atrair, desejar ardentemente, cobiçar, empregar todos os esforços para obter... com vontade de possuí-la... paquerar... apaixonar-se... encantar-se...".

Atualmente está tudo diferente. "Não se emprega esforços"; está tudo fácil, disponível, praticamente em qualquer barzinho de esquina, na praia, no carnaval. E ninguém fica com vontade de possuir; já se satisfaz imediatamente. Pessoas de idade que se relacionam regularmente pelo sexo, diz-se que estão namorando só porque não estão morando juntos. E nos programas de televisão até os animais namoram. É bem verdade que os românticos tentam manter a aura, afirmando que mesmo casados de muitos anos, são eternos namorados. Mas é de se perguntar, então, onde é que ficou o encantamento, a inspiração do amor para todos os demais.

O Dia dos Namorados é uma data especial, de troca de presentes, de se dar flores. Hoje, dão-se peças íntimas para serem usadas na "transa" de logo mais à noite. Não se trata de saudosismo, anacronismo ou moralismo. Vivemos uma perigosa inversão, desvinculando-se a prática sexual da existência do amor, e queimam-se, sem-cerimônias, as etapas do namoro e do noivado que eram as fases destinadas à sedimentação das primeiras experiências afetivas e de parceria entre os futuros cônjuges. Não deve admirar, pois, que aumente assustadoramente e ocorram cada vez mais cedo as gravidezes de adolescentes, os casamentos durem cada vez menos e mais e mais filhos sofram prejuízos afetivos e na sua educação geral pela circunstância dos pais viverem separados.

A justificativa para este estado de coisas é que os tempos mudaram, o mundo já não é mais o mesmo. Os padrões morais afrouxaram-se e as leis procuraram acompanhar aquilo que para muitos é uma aquisição da evolução humana, com mais liberdade, permitindo a busca constante da felicidade. Ninguém discute se esta busca é justa, se ocorre no lugar e formas corretas.

O império dos sentidos, o *marketing* do sexo arrasta e gera um círculo vicioso. As pessoas mudam por consequência do bombardeio de sensualidade nas novelas, no cinema, nas revistas, nas ruas e ao mesmo tempo investe-se na moda e nas propagandas maliciosas, nas revistas eróticas e nas mesmas novelas que se justificam pelo desejo de retratar a realidade, tudo isto porque as pessoas se lançam ao seu consumismo.

Entretanto, se pudéssemos ver as almas humanas munidas de suas respectivas bagagens espirituais, entenderíamos com mais clareza o que se passa. O encontro de dois seres não é um fato fortuito. Ou não deveria ser. Laços invisíveis de energia magnética os atraem mutuamente em graus diversos e, arrancados à multidão anônima, subitamente têm seus caminhos cruzados para a redescoberta íntima.

Naturalmente não podemos desconhecer outros fatores biopsicossociais como a educação, o nível cultural e mesmo o econômico que facilitam ou dificultam a interação, mas, frequentemente, vemos estas barreiras serem demolidas quando se interpõem no caminho de dois seres que verdadeiramente se reencontram do passado e revivem os sonhos acalentados e as emoções registradas em seu inconsciente. Há ainda o fator do livre-arbítrio capaz de controlar certas situações pela razão que prevalece sobre o sentimento e mesmo sobre o instinto.

Mas há também as aproximações de antagônicos para promover os reajustes de processos mal resolvidos em vidas passadas, às vezes, de imensa gravidade. Ondas de rancor mal disfarçado, ódios que precisam ser esmerilhados, algemas de tirania física, psicológica e moral, impostas ao cônjuge de outras experiências que o reencontro propiciará a oportunidade de apaziguar, corrigir, libertar e, quem sabe, pela renúncia, pelo impositivo do amor universal, pelo apoio do compromisso assumido diante de outros seres na qualidade de filhos, poderão conduzir ao êxito e algo muito próximo a uma felicidade afetiva total.

É na escola do lar que somos submetidos às lições mais difíceis e mais belas também e é por isso que tantos fracassam. Avalizados pelos novos costumes, pelo abrandamento das leis e pela flexibilidade até das exigências daqueles que têm no ato do matrimônio um sacramento religioso, ao esbarrar com a menor dificuldade, vem a separação. Para logo mais adiante, cada um, livre, assumir novo relacionamento que, por sua vez, pode durar semanas, meses ou, mais raramente, alguns anos. E a experiência se repete.

O ressurgimento no palco da vida pelas portas da reencarnação não tem por finalidade tornar a experiência terrena um parque de diversões leviano e irresponsável onde se coloca o gozo material acima de qualquer coisa. Visa nosso amadurecimento espiritual pelo crescimento em termos de intelecto e de moralidade.

Inúteis as privações fanáticas, masoquistas e, pior ainda, a hipocrisia que oculta atitudes dissolutas. O homem encarnado possui necessidades fisiológicas que lhe são próprias, incluindo o sexo. Este visa a procriação, mas serve também, e mais comumente, para promover a troca de energias afetivas e de ordem magnética entre os parceiros, desde que a relação tenha a sustentá-la o amor, a compreensão, o respeito.

A decisão de se tomar este ou aquele para esposa ou esposo é influenciada pelos espíritos desencarnados de alguma forma interessados na sua consumação, ligações de parentesco, amizade ou dívidas morais. A mais poderosa destas influências é a exercida por aqueles que aguardam uma nova oportunidade para reencarnar. Por isso o namoro e depois o noivado deveriam ser consideradas como fases de inestimável valor para a estabilidade dos futuros cônjuges. Principalmente para a descoberta mútua não só das virtudes, mas também dos defeitos que ordinariamente todos possuímos.

FAMÍLIA, LAÇOS AFETIVOS, SEXO

A MORAL, SEGUNDO *O Livro dos Espíritos*, é a regra da boa conduta e da distinção entre o bem e o mal. O bem é tudo o que está de acordo com a lei de Deus e o mal tudo o que dela se afasta. Jesus fornece a fórmula para evitar os erros ao aconselhar que antes de cometer um ato qualquer, devemos nos colocar na posição dos outros e interrogar se gostaríamos que praticassem aquele mesmo ato em relação à nossa pessoa.

Discorrer sobre sentimentos e comportamento, especialmente em termos de amor e sexo, apresenta dificuldades, notadamente em tempos de relativização da moral com fronteiras tênues e imprecisas entre certo e errado. Respeitamos a liberdade individual e o direto de escolhas, porém não podemos nos furtar de repassar os conceitos transmitidos pelos espíritos superiores e que constituem o alicerce da doutrina espírita.

Pode haver atenuantes ou agravantes em uma falta, como educação, desconhecimento, influência do meio e tantos outros, mas as leis morais divinas permanecem imutáveis e a infração às mesmas, pela lei de causa e efeito, desencadeia reações.

Família, para os espíritas, é bem mais que o núcleo primário da sociedade. Ela é o resultado de todos os laços afetivos relevantes estabelecidos em uma ou mais encarnações, funcionando como o principal educandário da alma aprendiz, meio em que as imperfeições se depuram e as virtudes são forjadas.

É conceito amplo abrangendo não só o parentesco consanguíneo como o proveniente da harmonização simpática entre os seres encarnados e desencarnados, estabelecida através das múltiplas encarnações. Regra geral, os espíritos reencarnam dentro da mesma família, atraídos pela afinidade moral incluindo os sentimentos predominantes, o temperamento, as predisposições pessoais e a semelhança de necessidades de progresso.

Nas exceções, os espíritos escolhem pelo livre-arbítrio ou são induzidos a aceitar lares diferentes e desconhecidos até então para eles. Para uns, são oportunidades especiais de progresso, preenchendo importantes lacunas do aprendizado e desenvolvimento. Para outros, é o reencontro com inimigos do passado com os quais e, reciprocamente, farão os respectivos resgates visando a liberação de tristes e nefastos grilhões de ódio e sofrimento.

Daí tantos lares desmoronando irremediavelmente, tantos casais separados e tantos filhos com o desenvolvimento psíquico comprometido quando não atirados ao abandono. Seres que pedem falência diante do projeto da expiação necessária. Tomados pelo arrependimento e encorajados pelos companheiros mais íntimos de jornada, acertam na deliberação quando ainda desencarnados, mas ao aportar a Terra, desfalecem perante a aspereza do compromisso assumido, adiando-o para o futuro, sempre com o consequente atraso evolutivo.

Falham porque se deixam vencer pelo egoísmo, pela leviandade, pelo canto de sereia das ilusões passageiras, do prazer superficial dos sentidos, pela incapacidade de tolerar, de amar. O sexo é o meio; o amor é o fim. O abuso daquele conduz ao desequilíbrio e destruição deste.

Elevado porcentual de todos os sofrimentos humanos é originado no mau uso do sexo. Porém, à medida que se desprende da materialidade inferior, menos valor empresta a estas funções e seus sentimentos tendem a se tornar mais puros e menos egoísticos. Não se restringirão somente a um pequeno grupo de indivíduos, mas se estenderá num maravilhoso pulsar fraterno que transforma todos numa única e grande família.

Cônjuges, pais e filhos, demais parentes, amigos e desafetos são reencontrados na dimensão espiritual e cada ligação afetiva, boa ou má, nos devolverá exatamente o que estiver de conformidade com a sua natureza, tal como a relação evangélica entre a qualidade do fruto e a da árvore que lhe deu origem. Os laços afetivos não se dissolvem com a morte física. Subsistem e voltam à tona com o retorno dos personagens ao palco da vida.

Atribuímos ao destino ou ao acaso os encontros e as uniões surpreendentes. Ocorre que, embora sem se reconhecerem, os seres são atraídos mutuamente por uma estranha força magnética que os reúne, ou porque compartilham de idênticos sentimentos e ideais, ou por terem levado aos extremos as suas diferenças anteriores.

Mas não só as aproximações e seus desfechos felizes ou não, como também os desencontros, são regidos pela mesma lei de afinidade, agora no sentido inverso. Evitamos o contato com aqueles com os quais não simpatizamos no pretérito. O resultado final de união ou rompimento dependerá da intensidade dos sentimentos e do livre-arbítrio de cada um em aceitar as experiências previamente escolhidas ou recusá-las em prejuízo de seu próprio progresso.

ABORTO: ALGUMAS CERTEZAS E OUTRAS DÚVIDAS

ESTIMA-SE QUE SÃO praticados cerca de um milhão de abortos anuais no Brasil e, segundo a OMS, 22 milhões no mundo todo. Muitas vezes há inconsistências de números tanto quanto ao total de abortos como de óbitos em mulheres que o praticaram, tudo para atender a interesses escusos.

A posição da doutrina espírita a respeito da prática do aborto é bastante clara, partindo do raciocínio fundamental de que a mulher é dona do seu corpo, porém, não da vida alheia que traz no ventre. Contudo, dentro do próprio movimento espírita, há quem, mais arrojado em seu livre-pensar deixe transparecer uma impressão inversa. Além da argumentação de que não se pode misturar preceitos religiosos às leis civis de um estado laico como o Brasil, para obter algum respaldo nos livros escritos por Allan Kardec e que constituem a base do pensamento espírita, utilizam-se das questões 346 e 357 de *O Livro dos Espíritos*.

Na primeira, os orientadores espirituais informaram que um *"espírito cujo corpo morreu antes de nascer, escolhe outro"*. Na última, sobre as consequências do aborto para o espírito, dizem: *"É uma existência nula a recomeçar"*. A simplicidade e objetividade destas respostas dão-lhes conforto.

Examinando melhor o tópico que trata do assunto na referida obra, além da clássica colocação de que a alma se une ao corpo exatamente no momento da concepção (Q. 344), deparamo-nos na questão 359 com a única exceção da criminalização do aborto, segundo o espiritismo, contida na questão anterior (358). Aqui os espíritos afirmam que existe crime sempre que há transgressão da lei de Deus e a supressão da vida "da criança" antes de nascer impede *"a alma de suportar as provas das quais o corpo deveria ser o instrumento"*. A exceção se concretiza quando há risco de vida à mãe. *"É preferível sacrificar o ser que não existe ao ser que existe"*, dizem-nos.

De pronto, assoma-nos à mente algumas dúvidas. Se os espíritas cujas opiniões sugerem defesa ao aborto pecam por assentar seus argumentos em apenas duas questões isoladas de *OLE*, para os que são totalmente impermeáveis a outros raciocínios que não a condenação do aborto, pode-se opor, por exemplo, a questão 353. Nela, na própria elaboração da pergunta, Kardec coloca que *"a união do espírito e do corpo não está completa e definitivamente consumada senão depois do nascimento"*. Após esta afirmação, indaga: *"..., pode-se considerar o feto como tendo uma alma?"*. E a resposta: *"O espírito... existe, de alguma forma, fora dele. Ele não tem propriamente falando, uma alma, pois a encarnação está somente em vias de se operar; mas está ligado à alma que o deve possuir"*. Aqui os "flexíveis" citam a primeira parte da resposta, mas preferem omitir o final dela.

Outro detalhe desconsiderado nas análises mais apressadas. Kardec sempre se manifestou favorável à abertura do espiritismo às descobertas científicas.

> Marchando com o progresso, o espiritismo jamais será ultrapassado, porque se novas descobertas lhe demonstrarem em erro num ponto, modificar-se-á nesse ponto; se uma nova verdade se revelar, aceitá-la-á" (Revista Espírita, setembro de 1867) ou "... fechar a porta ao progresso, seria suicidar-se" (Idem, dezembro de 1868).

Ora, a ciência nos diz hoje que o sistema nervoso do embrião começa a se formar em torno do 14º dia de gestação. No entender de muitos, sem sistema nervoso não há um ser propriamente falando, mas somente um aglomerado celular da mesma forma que um ser cuja atividade cerebral cessou é considerado morto.

Se deixarmos de lado este aspecto, ainda se pode perguntar se a resposta dos espíritos à questão 344 se manteria caso, à época, a medicina já dispusesse dos recursos da fertilização *in vitro*. Há controvérsias a respeito entre os estudiosos espíritas encarnados. Para muitos deles, a união da alma ao corpo em formação só se daria quando da implantação do embrião no útero da futura mãe. Essa discussão, inclusive, tem muito a ver com a problemática em torno do uso de embriões congelados para pesquisas com células-tronco.

Coloco tudo isso como forma de percebermos que, em certas situações, as respostas não são tão simples como muitos pretendem. Não podemos nos apartar da ciência e da lógica, resvalando para o fanatismo religioso nem endossar teorias materialistas mal disfarçadas ou sofismas simplistas como o de transferir ao livre-arbítrio da grávida a decisão de cometer ou não o aborto, quer seja em nome do suposto direito dela dispor do próprio corpo, quer por desprezo aos fatores de pressão física, psicológica, social e econômica a que ela está exposta, quando nestas condições.

Respeito ao livre-arbítrio, sim, desde que ela esteja devidamente amparada em suas necessidades caso deseje levar adiante a gravidez e bem orientada sob os princípios éticos e morais cristãos e, principalmente, sobre as possíveis razões do fato presente e consequências espirituais de longo prazo conforme a decisão que venha tomar.

Transcrevo abaixo um parágrafo do meu livro *Espiritismo – uma visão panorâmica* (Ed. O Clarim).

> Devíamos perguntar: quem são esses espíritos aos quais estamos fechando as portas da reencarnação? Alguém com quem contraímos grandes débitos no passado e agora vêm fazer a cobrança na forma de amor, educação, sacrifícios? Um ente muito amado de outras romagens terrenas com quem combinamos partilhar o caminho para o avanço mútuo? Um novo membro convidado para integrar-se à nossa família espiritual ou mesmo sanguínea confiante de que ali receberia abrigo material e total apoio moral

para sair-se com êxito nos novos desafios? Um espírito protetor com liames especiais, disposto a nos secundar nas árduas tarefas que assumimos? Quem são eles?

Agora vejamos o caso específico do aborto no caso de estupro, aliás, não contemplado em *O Livro dos Espíritos*. É justamente neste caso, além dos anencéfalos sobre os quais comentaremos logo mais, que alguns espíritas manifestam-se com mais flexibilidade, admitindo que seja provocada a interrupção da gravidez. No nosso entendimento, por mais dolorosa que seja tal experiência, cuja violência atinge não só o físico como o psicológico ou emocional da mulher, afetando sua vida familiar, social e sexual, ainda assim, o aborto não nos parece ser a melhor solução.

Se nas diversas situações em que a hipótese do aborto é aventada, como por medo dos pais, vergonha, razões econômicas, profissionais e até estéticas por puro egoísmo, a mulher merece e necessita de esclarecimento sobre os fundamentos da vida e consequências espirituais de seus atos, no caso de estupro ela precisa de muito mais apoio.

Se neste caso, em especial, a mulher vilipendiada julgar por bem não ter o filho junto a si – há casos emocionantes em que na velhice dela, aquele fruto da violência tornou-se o único a permanecer ao seu lado nas dificuldades e doença, quando até os filhos legítimos já a tinham abandonado – então, que aceite a provação e deixe a gravidez transcorrer normalmente e ao nascer, doe o filho, pois que há tantos casais desejando ardentemente possuir aquele que por outros está sendo desprezado. Mas que não mate. Não importa se está com semanas, dias ou horas de vida.

Mas e quando a vítima do estupro é uma criança de nove anos? Este foi o caso ocorrido em Pernambuco em 2009 e que, além da indignação em relação ao padrasto que a violentava - e também a uma irmã mais velha - há três anos - e piedade para com a menina, causou grande polêmica pela posição manifestada da Igreja Católica.

O bispo de Olinda e Recife, não só condenou veementemente a decisão da mãe da menina e dos médicos em interromper a gravidez de gêmeos e que estava no quarto mês, como os ameaçou de excomunhão. O Vaticano aprovou a atitude do bispo, mas muita gente discordou, inclusive alguns outros membros eclesiásticos que trataram de amenizar as declarações do colega. Para eles, a punição é uma possibilidade aplicável a estes casos, mas sem o caráter automático. O próprio bispo já antes havia admitido que os médicos e a mãe da menina poderiam ser liberados da punição desde que se arrependessem, o que não foi o caso.

De qualquer forma, não nos cabe discutir as leis canônicas da Igreja Católica, embora a proximidade existente das duas doutrinas neste ponto. Enquanto a Igreja não admite o aborto em nenhum caso, o espiritismo concede que o mesmo seja praticado somente quando há risco de vida à mãe. Já as leis brasileiras permitem-no neste caso, no de estupro e de anencéfalos, mas, já há algum tempo, alguns segmentos pretendem liberá-lo totalmente, inclusive para qualquer fase da gravidez.

Então, nós espíritas, podemos até desaprovar - sem condenar - a interrupção de gravidez subsequente a um estupro, porém, neste caso em especial, temos que estar de acordo, visto ser absurdo imaginar que uma criança de nove anos tenha condições orgânicas e psicológicas para levar até o fim uma gravidez dupla. Portanto, se a razão acima ainda não for suficiente, está claro que o caso se enquadra no outro, o de risco de vida à gestante (questão 359 de *O Livro dos Espíritos*).

Para encerrar, uma reflexão sobre as razões espirituais destes ou deste acontecimento em particular. Temos lido que as vítimas de estupro sempre têm algum tipo de ligação infeliz com seus algozes. Tais vínculos seriam provenientes de vidas passadas e, na atual, o agressor seria atraído para a vítima por força de vibrações de idêntica frequência de pensamento e emoções, mesmo que inconscientes. Com isso fecham questão para dizer que nada é por acaso.

Sinceramente, respeitando a opinião alheia, mas pelo império da razão, somos obrigados a discordar desta explicação. Ela pode até servir para alguns casos, mas não para servir de regra geral. Como justificar que um único indivíduo esteja associado por prejuízos sofridos no passado e seja atraído para atacar não uma ou duas, mas, às vezes, dezenas de mulheres? Todas elas estariam pagando a ele o quê?

Em 2009, na Inglaterra, a polícia tinha sob suspeita um taxista, o qual teria cometido este delito contra cerca de 500 mulheres. Por aquele raciocínio, talvez ele tivesse sido um sultão e todo o seu harém lhe fora infiel? Ou foi seviciado em várias encarnações consecutivas? Soluções engenhosas para romances, não para a vida real visto que estes estupradores contumazes os há em grande número. A perversão sexual, em geral, é acompanhada por outras deturpações graves de caráter como uso de drogas, homicídios, etc.

Nada é por acaso. De fato. A causa é o livre-arbítrio de seres moralmente primitivos que ainda convivem em nossa sociedade e dão vazão aos instintos mais abjetos, atacando, agredindo e matando pessoas que, por 'estarem na chuva', ou seja, necessitarem também de habitar um mundo pouco evoluído como o nosso, estão sujeitas a 'se molhar'.

Podem ter suas culpas, mais ou menos graves. Talvez, algumas delas tenham mesmo praticado o aborto, e culpas que fincaram raízes em suas almas e hoje, de certa forma, afloram reclamando o reajuste perante as leis divinas. Mas estabelecer automaticamente uma conexão entre vítima e dívida como resultado da lei de causa e efeito, é temerário, leviano e descaridoso. O estupro é sempre um crime abominável aos olhos da justiça terrena e de Deus e muitas das vítimas apenas sucumbem diante de uma força física superior.

A PÍLULA DO DIA SEGUINTE

PASSEMOS AGORA A outro aspecto do aborto. Nosso ponto de partida é um fato ocorrido em 2008, mas permanece atual: a pílula do dia seguinte. Durante o carnaval daquele ano o sistema de saúde de Pernambuco promoveu a sua distribuição gratuita. A arquidiocese de Recife e Olinda tentou impedir, mas o Ministério Público manteve a decisão. O centro da polêmica é saber se a tal pílula é ou não abortiva, prática que, como se sabe, pela atual legislação brasileira, constitui crime, exceto nos casos conhecidos.

Os próprios especialistas não cerram unanimidade. Para muitos deles a pílula contém substâncias capazes de destruir o zigoto - célula formada a partir da união dos gametas masculino e feminino. Para outros, incluindo a OMS - Organização Mundial da Saúde - que recomenda o seu uso, a pílula ingerida até 72 horas após o ato sexual, pode inibir a gravidez, mas se esta já estiver iniciada pela concepção, torna-se inócua, não fazendo efeito algum.

A Igreja Católica que, tal como o espiritismo, entende que a vida principia no momento da concepção, prefere o argumento do primeiro grupo. Já o órgão pernambucano, responsável pela distribuição da pílula no carnaval, incentivado pela própria postura do então ministro da Saúde, que declaradamente era favorável à descriminalização do aborto no país sem qualquer restrição, ignorou este detalhe. Para seus dirigentes, tudo se resume em oferecer condições de evitar centenas ou milhares talvez de gravidezes indesejadas.

Literalmente, já são de outros carnavais as campanhas do governo na mídia alertando para a necessidade do uso de preservativos masculinos durante a folia de Momo, atestando a sua limitada capacidade de ação, até porque não lhe cabe ir mais além, adentrando a conduta moral das pessoas.

Quer as campanhas visem o esclarecimento da população com objetivos de prevenir as doenças sexualmente transmissíveis, quer como na situação citada, com este perigoso passo a mais, a nosso ver, a discussão está situada fora do foco principal. Não nos cabe opinar sobre apontamentos científicos se a pílula é abortiva ou não nem em saber se a religião pode ou deve interferir na ordenação jurídica de um estado laico como o Brasil.

O que a sociedade como um todo, mas, principalmente, pais e educadores, deveria estar debatendo é como evitar que o carnaval e outras festas ou formas de divertimentos populares tornem-se sinônimo de orgias com o tal do "ficar" descompromissado, com as trocas constantes de parceiros, às vezes, numa mesma noite, enfim, com os abusos agora cada vez mais consentidos como se a promiscuidade fosse a regra a ser seguida e perseguida na busca desenfreada do sexo irresponsável.

A sexualidade é uma energia da alma com expressão periférica nos órgãos do corpo físico e serve para atender fins elevados como a preservação da espécie e a permuta de energias entre dois seres que se doam e se complementam não só por força do instinto, mas também na esfera da afetividade profunda. A ignorância sobre quem realmente somos - espíritos imortais vestidos temporariamente de corpo carnal transitando pelos caminhos do aperfeiçoamento moral e intelectual - é que nos faz perder a perspectiva da verdadeira felicidade.

Pela lei de causa e efeito, todo pensamento, palavra, emoção ou ato altera o meio em que vivemos o que, por consequência, nos inclui. O cultivo dos valores morais, o equilíbrio da vida digna, o respeito à integridade do ser humano biopsicossocioespiritual não são caretices. Sexo não é pecado, não é errado. É fonte de prazer e expansão da consciência criativa. É necessidade fisiológica e mesmo psicológica e emocional, porém requer bom-senso no seu uso. O indivíduo não pode se rebaixar ao nível dos irracionais. A banalização do sexo é demonstração de falta de amor por si mesmo e pelos outros, pois que representa uma comercialização barata do próprio ser.

Com um pouco mais de educação, aquela abrangente que vê homens e mulheres como seres multifacetados, mas sempre com visão de conjunto, serviria para discutir mais as causas do mal e como debelá-las do que os efeitos. Como se já não bastassem os abusos com álcool, os furtos, a violência urbana e no trânsito das estradas, agora temos que pôr na conta do carnaval mais o peso da dúvida moral se nossas autoridades não estariam endossando práticas criminosas do aborto.

FETOS SEM CÉREBRO E OS ASPECTOS ÉTICOS DO ABORTO

EINSTEIN QUE, COM toda a sua genialidade científica, acreditava em Deus como criador do Universo, afirmava que a fé sem a luz da ciência ficaria cega e a ciência sem a fé seria manca. O espiritismo, em seu tríplice aspecto de filosofia, ciência e religião, ao abordar um tema qualquer, busca dar um equacionamento que satisfaça às três vertentes, visto serem, ao contrário do que muitos pensam, complementares e não excludentes.

Tal análise trilateral pode ser aplicada ao aborto como tema geral e, dentro deste, o caso específico dos fetos com anencefalia. Em abril de 2012 o Supremo Tribunal Federal autorizou a interrupção da gravidez ou "antecipação terapêutica do parto" toda vez que exames médicos atestarem a anomalia. A decisão final sempre será da gestante. O tema é complexo e continuará gerando dúvidas e polêmicas.

Dois casos tornaram-se célebres à época. O de Marcela de Jesus Ferreira, no interior de São Paulo, que viveu um ano, oito meses e doze dias, falecendo de pneumonia não relacionada à anencefalia; e o de Letícia de Souza Rodrigues, em Alagoas, que, nascida em novembro de 1997, segundo o que apuramos, ainda vivia em março de 2010 e provavelmente até hoje, o que a faria estar com 20 anos atualmente.

A sobrevivência é possível porque não há ausência total do cérebro, restando partes do tronco do encéfalo que sustenta os mecanismos da respiração, o ritmo de sono e vigília, batimentos do coração, peristaltismo gastrointestinal, controle da temperatura e vasomotor. Marcela sorria, gostava do banho, "pedia" para sair de casa. O que o bebê não tem é a possibilidade de expressar a sua consciência pela ausência das estruturas mais periféricas do encéfalo.

Segmentos religiosos, coerentemente com as argumentações anteriores, posicionam-se contra a interrupção da gravidez ao afirmar que a vida tem início na concepção. No lado oposto, cabeças tidas como progressistas entendem que a continuação de uma gravidez fadada ao fracasso pela morte inevitável logo após o nascimento, caracteriza a imposição de um sacrifício inútil à mulher.

O testemunho, em reportagem de televisão, de uma delas que passou pela experiência é comovente. Como exigir sacrifício físico de nove meses e vinculação afetiva, obrigatório o primeiro e desejável a segunda numa gravidez normal, de alguém que sabe, de antemão, que não terá a mínima chance de ver aquele filho crescer, sorrir, andar, falar, viver, enfim? E o desgaste emocional, o estresse psicológico pela frustração, pelo sentimento de impotência diante do inexorável, a ameaça à harmonia familiar?

Parece bem mais sensato e humanitário permitir a interrupção do processo e o cancelamento deste sofrimento todo. Ocorre, porém, que como alertou o célebre enunciador da Lei da Relatividade, a ciência está longe de tudo saber e a fé numa justiça divina perfeita que elimina causas fatalistas ou do acaso, torna-se instrumento imprescindível na resolução de problemas inerentes à conduta humana.

Não podemos perder de vista a dimensão espiritual do ser humano que não se resume a um amontoado de tecidos, órgãos e ossos. Por trás da máquina biológica está a alma que a comanda e se aquele apresenta alguma disfunção, é na última que devemos buscar a causa e não em fatores fortuitos, destino cego ou aberrações genéticas até porque os genes já respondem aos impulsos mais profundos, sendo, portanto, também expressões das consequências ou necessidades determinadas anteriormente pelo próprio indivíduo.

Poderíamos arriscar, como uma das hipóteses para o fenômeno, uma disposição cármica daquele espírito reencarnante. Talvez tenha sido um suicida em encarnação pretérita. É possível que o tempo de gestação seja para ele o complemento daquela vida voluntariamente interrompida. Lembremos que o espírito ligado ao corpo em formação não necessita dele para pensar e agir, uma vez que o faz sempre quando desencarnado.

Naturalmente é uma dura expiação ou prova também para os genitores, à mãe especialmente. Novamente no terreno das hipóteses, contaríamos com a possibilidade dela ter praticado o aborto voluntário em outra época, daí a expiação. Ou a provação ter sido uma escolha dos pais em acolher um espírito muito carente.

Recapitulemos a questão 346, incluindo agora também a 347 de *O Livro dos Espíritos*. Ensinam-nos os benfeitores espirituais que se o corpo escolhido por um espírito para reencarnar, morrer antes de nascer, ele procurará outro, a causa disto estaria nas imperfeições da matéria e que, mesmo ocorrendo a morte logo após o nascimento, tal é de pouca importância para ele, servindo mais de uma prova aos pais. Mais adiante, na pergunta 356, esclarecem que em alguns casos de natimortos, sequer havia uma alma destinada àqueles corpos e só pelos pais é que nasceram, ou seja, só possuem vida biológica.

De acordo com as informações dos espíritos, é possível que nos casos de fetos sem cérebro, talvez nem exista almas por trás deles, o que derrubaria as principais barreiras éticas e morais que proíbem o aborto. Entretanto, não se pode ter certeza e na dúvida o mais recomendável seria esclarecer devidamente a mulher para ampliar-lhe a compreensão a respeito de todas as possibilidades.

Mais uma dúvida: a afirmação de 100% de mortes nos nascituros com este problema pode ser contestada. Além dos casos Marcela e Letícia, fomos informados de outro caso em Curitiba que, por exigência familiar, é mantido em sigilo. O filho de um médico teria nascido com esta anomalia e não só sobrevivido como, apesar de todas as limitações físicas e mentais, atingira a adolescência demonstrando certo grau de consciência.

De qualquer forma, fica com a gestante a última palavra por respeito ao seu livre-arbítrio, ciente, porém, de que a ligação de um espírito, durante aquele período, com um corpo, embora deficiente, pode significar longo trecho percorrido na escalada evolutiva espiritual de ambos. Ou, inversamente, a possibilidade de um horizonte com muitos dissabores. E o sacrifício não lhe pareceria mais inútil.

O STF não obriga nenhuma grávida de anencéfalo a abortar. Somente lhe concede o direito de exercício do seu livre-arbítrio para decidir conforme a consciência. As leis humanas devem se aproximar tanto quanto possível das de Deus e, mesmo quando com aparência de progressistas, talvez sejam revogadas no futuro quando a maioria das pessoas se certificar melhor sobre os princípios espíritas. Até lá, respeite-se a liberdade de cada indivíduo.

A preocupação de que a permissão para o aborto de anencéfalos abra caminho para a futura total descriminalização do aborto no país é justificada. Presumir que essa interpretação jurídica conduza em breve à liberação da eutanásia também é razoável. Se o anencéfalo jamais se tornará uma pessoa, um indivíduo em vida vegetativa, já foi, porém não é mais uma pessoa e poderia ser descartada. Já qualificar a prática liberada com eugenia é evidente exagero.

Porém, o STF não arbitrou somente para os espíritas e católicos. O restante da população não possui as mesmas crenças quanto à reencarnação e à lei de causa e efeito ou mesmo se e quando há uma alma ligada ao corpo orgânico em formação. O que para uns é erro grave, é entendido diferente por muitos outros que orientam suas decisões por análises diversas, contingências de experiências físicas, emocionais, sociais, econômicas e espirituais particulares. Cabe-nos o dever de respeitá-las, mesmo discordando, e seguir na tarefa de esclarecimento e conscientização relativos à natureza espiritual do ser humano para que mais pessoas considerem tais aspectos e valores transcendentes na hora de tomar decisões na vida.

Por um exercício que pode soar ficção científica, quem sabe não seja viável desenvolver-se uma máquina capaz de detectar a presença da energia radiante do espírito durante a gestação, nos estados comatosos e nos embriões congelados. Tudo ficaria simplificado.

capítulo V

EDUCAÇÃO

DIAS DAS CRIANÇAS

SERÁ QUE SÓ comprar presentes é suficiente para fazer felizes nossas crianças? Basta um único dia específico no ano para lembrar delas de modo especial? Não sou contra dar presentes, nem mesmo brinquedos. Apesar de todo o progresso tecnológico, da mudança de costumes e da precocidade apresentada pelas novas gerações de espíritos que estão reencarnando, a infância é uma fase muito sensível à vida dos seres humanos. Não podemos e não devemos suprimir esta fase lúdica feita de sonhos e fantasias, desde que sem exageros.

O que não pode ser esquecido é que estas crianças, como lembra em um de seus melhores livros o ilustre Hermínio C. de Miranda, *Nossos filhos são espíritos*. E imortais, como sabemos.

Nossa atenção para com elas deve se dar o ano todo, a cada dia, se possível, a cada hora. Coisa que, aliás, muitos pais e mães o fazem perfeitamente, dando-lhes amor, carinho, apoio, proteção e tudo o mais que elas necessitam pela sua condição de dependentes daqueles que lhes oportunizaram o retorno à vida material para dar sequência à sua caminhada evolutiva.

Talvez, em vez de só presentes, fosse mais conveniente lhes oferecer algo de mais duradouro que possam levar para o resto de suas vidas. Um bom passeio faz bem e pode tornar-se marcante. Um *show*. Um filme. Uma festinha. Mas nada mais importante do que um abraço seguido de boa conversa - se já tiverem idade para isso - e o exemplo de todo dia. Isso é o que podemos dispor de melhor para elas.

Na questão 685 de *O Livro dos Espíritos*, Kardec comenta que devemos buscar:

> [...] não a educação intelectual, mas a moral e nem ainda a educação moral pelos livros, mas a que consiste na arte de formar o caráter, a que cria os hábitos porque a educação é o conjunto de hábitos adquiridos.

Muito antes de codificar a doutrina espírita, em 1828, o então professor Hippolyte Léon Denizard de Rivail, apresentou um "Plano proposto para melhoria da educação pública" da França, assim se expressando: "*... a meta da educação é o desenvolvimento simultâneo das faculdades morais, físicas e intelectuais... exigindo dos pais paciência e sabedoria a toda prova, firmeza misturada à doçura, grande penetração para sondar os caracteres, grande império sobre si mesmo, vontade e força de domar as* *próprias paixões. A educação exige um conhecimento perfeito dos meios mais apropriados a desenvolver nas crianças as faculdades... esses meios devem ser estudados como os remédios da medicina... o mau professor faz ignorantes; o mau educador faz viciosos".*

Para Sócrates, a educação é a arte de despertar as virtudes da alma. E para Pestalozzi - mestre do próprio Kardec - é o desenvolvimento harmônico de todas as faculdades do indivíduo (físicas, intelectuais e morais) via instrução e experiência. Educar é extrair do interior e não assimilar do exterior. O exterior é a instrução e educação é desenvolvimento. Instrução é um meio e educação é o fim.

Ora, antes de se tornar homem adulto, temos a criança e nada mais adequado do que iniciar, aliás, quanto mais cedo melhor, a educação na infância. Para Jean Piaget, um dos mais importantes e influentes nomes na área da educação, é até os sete anos que se constrói a infraestrutura da moral e do pensamento.

Segundo os instrutores superiores, o progresso intelectual antecede o moral. Significa que a instrução faz desenvolver o senso moral e alarga a consciência. Em *O que é o Espiritismo*, Kardec afirma que as ideias inatas referem-se ao intelecto, os

> [...] conhecimentos adquiridos em precedentes existências e que permanecem em estado de intuição, para servirem de base à aquisição dos novos e independem do meio em que o homem se educa. O meio e a educação desenvolvem as ideias inatas, por isso essa última pode fornecer a instrução necessária, mas nunca o gênio quando este não exista.

Se as ideias inatas resultam de progresso intelectual de reencarnações anteriores, o mesmo se dá com as virtudes pelo progresso moral.

Alguém propôs: instrução desenvolve o intelecto; a educação a moral. Instrução enriquece a inteligência; a educação fortifica o coração. É por esta, mais do que pela instrução que se transformará a Humanidade.

Se apenas a educação formal, mera transferência de conhecimentos, ou uma escola cara fosse garantia de geração de bons cidadãos, não veríamos tantos jovens classe média vandalizando o patrimônio público e privado - e isso não só nos protestos de rua de 2013. Não teríamos notícias sobre *playboys* dirigindo carrões a 180 Km por hora e tirando vidas no trânsito. Não teríamos tantos crimes de colarinho branco, tanta falcatrua, corrupção, tanta gente inteligente, mas imoral.

Seja bom pai e boa mãe de verdade. Não seja ausente; não fuja à grave responsabilidade de educar e orientar seu filho sobre o que é certo e o que é errado. Não negue carinho, mas não impeça o seu crescimento emocional com sua superproteção. Não transija com a permissividade, equilibrando compreensão e cumprimento de regras sociais e morais claras e firmes.

Agrade o seu filho a cada 12 de outubro, Dia da Criança, mas não deixe de presenteá-lo diariamente com amor, bons exemplos e valores espirituais. Paternidade é uma importante missão dada a homens e mulheres. Fracassar nela representará infelicidade para você e para as almas colocadas por Deus sob a sua tutela. Você é responsável pelo futuro seu, delas e de um pedacinho do mundo.

A EDUCAÇÃO E OS PRÉ-ADOLESCENTES

ANALISEMOS O COMPORTAMENTO da geração *twen*, abreviatura de *between* que significa "entre", com o trocadilho de *teens* (adolescentes) ou pré-adolescentes, crianças entre 8 e 13 anos que vêm provocando importantes transformações nas áreas da família e do consumo.

As características apontadas como mais ou menos gerais são as seguintes: decididos, independentes, bem informados, exigentes, rebelados, vaidosos, consumistas. Possuem admirável desenvoltura com computadores e internet, dispõem do conforto da classe média e obtenção de dinheiro, cheques e cartões de crédito.

O amadurecimento precoce faculta-lhes grande poder no grupo familiar e liberação sexual através do famoso "ficar" como o de dois deles com 11 e 10 anos que namoraram durante cinco meses. O celular é considerado extensão do próprio corpo, viajam ao exterior, compram muitas roupas e calçados, quase sempre de grife, CDs, cosméticos, perfumes caros, frequentam cinemas e as meninas os salões de beleza semanalmente.

O que se questiona neste quadro feito aparentemente só de vantagens que surpreende pedagogos e sociólogos, desafia a indústria e os profissionais de *marketing* e orgulha muitos pais é que há alguns riscos por trás de toda esta mudança. Segundo um psiquiatra, os pré-adolescentes, se não devidamente orientados, podem se transformar em "pequenos tiranos" por terem, recebido poder antes da hora. Ditam os hábitos da casa, o que, como, quanto e quando comprar, naturalmente em primeiro lugar para satisfazer todos os seus caprichos.

Ao todo, segundo o IBGE, há oito anos eram 13,5 milhões de crianças - forma que abominam ser chamadas - entre nove e doze anos e, claro, sabe-se que a maior parte de suas famílias não têm poder aquisitivo para atendê-los. Ainda assim, perguntamos: que tipo de geração estamos formando em nosso país? De um lado, a miséria, a falta de instrução, a marginalidade econômica e social e o aumento assustador dos índices de criminalidade, especialmente o narcotráfico e operações associadas; de outro, verdadeiros cabeças-de-vento, completamente iludidos quanto aos verdadeiros valores da vida, elegendo com exclusividade o ter com desprezo ao ser.

A doutrina espírita, se bem compreendida - e praticada - pode contribuir decisivamente para um deslocamento desta postura equivocada. Sem tirar os méritos deste amadurecimento precoce, não há por que se combatê-lo. Crianças e jovens bem informados e capazes de tomar decisões, de experimentar desafios e estabelecer objetivos, são evidências de progresso espiritual também. Significa que estão aptos a assumirem maiores responsabilidades individuais e sociais, de serem mais úteis, de promover, pela autodeterminação, as mudanças importantes para melhor. Mas, para tanto, precisam de orientação segura, a começar pelos pais, que como se vê, estão um tanto quanto aturdidos, sem saber como tratar o problema, o que consentir e dar e o que proibir e negar.

Se agora, com oito, dez anos, um ser destes já consegue subverter a ordem familiar, impondo suas vontades em prejuízo dos demais, o que farão quando adultos? Qual seu futuro profissional? De concorrência predatória? Como agirão em relação à sua própria vida familiar? A expressividade afetiva mascarada pela sexualidade sem freios onde se deterá? Se hoje a instituição do casamento parece condenada ao desuso, com troca constante de parceiros motivada por supostas necessidades de satisfação física, experiência, novidades e outras tantas, a geração que hoje está "ficando" com 10 anos acabará como?

O comentário de Kardec à questão 917 de *OLE* é longo. Parte dele já transcrevemos linhas atrás. Aqui cabem outros trechos. Sendo o egoísmo o grande vilão da maior parte da carga de sofrimentos humanos a quem ele chama de "verme devorador", afirma que devemos combatê-lo como a uma epidemia, remontando às causas, às influências evidentes ou ocultas que excitam, entretêm e o desenvolvem. Cita a necessidade de observação do filho do rico e do pobre, as influências perniciosas a que estão expostos e suas consequências e responsabiliza aqueles que os dirigem pela "fraqueza, incúria e ignorância" com que geralmente atuam. "*Que se faça pela moral* - diz, categórico - *tanto quanto se faz pela inteligência*".

Pais e educadores devem agir com equilíbrio, sem perder de vista, acima de tudo, o aspecto espiritual do ser humano. Por trás de cada criança, pré-adolescente ou jovem, há um espírito reencarnado construindo seu progresso, sua paz e felicidade ou gerando infortúnios proporcionais aos desvios que sua conduta oferecer em relação às leis divinas.

A vida na Terra não é um passeio, mas a frequência a um instituto escolar cuja experiência é imprescindível para se atingir estágios superiores de evolução. É justa a busca de conforto, de facilidades tecnológicas, de recursos da medicina preventiva e corretiva, da ilustração intelectual, da formação de cidadãos aptos a enfrentar desafios cada vez mais crescentes em todos os sentidos, mas tudo com uso sem abuso e visando sempre a finalidade maior e verdadeira: a ascensão espiritual e a aproximação com o Criador.

Pais que atenderem todos os caprichos dos filhos estarão causando-lhes mal e não o bem. Se todo este conforto, cultura, escolas particulares, cursos no exterior, facilidades materiais para adquirir computador, telefone, automóvel, roupas importadas não estiver permeado pela transmissão de conceitos morais claros, estabelecendo limites que não devem ser transpostos, de nada adiantará.

Será que nestes lares - quantos, aliás, sequer merecem esta denominação, não passando de meras edificações materiais chamadas "casas" - há espaço para Jesus, para a oração, para a reflexão sobre conceitos como amor, caridade, fé? Será que os *tweens* alguma vez já ouviram falar as palavras do Cristo sobre o que constitui o verdadeiro tesouro, não só dos cristãos, mas de todo homem de bem e preocupado com o seu futuro imortal?

A ruptura de valores está ocorrendo de forma cada vez mais acelerada em nossos tempos. Talvez seja o momento de se dar meia-volta e, parodiando aquele comercial de automóvel, lembrar a estes pais que está na hora de mudar seus conceitos. Dois mil anos depois.

A SEGUNDA GERAÇÃO DE MAL-EDUCADOS

A MÍDIA NOTICIA: a espiral de violência parece não ter fim. Não bastasse a bandidagem crescente pegando atalhos que atropelam a honestidade para a apropriação do alheio, uma contaminação endêmica atinge o cidadão comum, permanecendo incubada, às vezes, longo tempo, até explodir inesperadamente.

Filhos agridem pais. E pais espancam - e até matam - seus filhos. Homens agridem esposas e companheiras. E elas revidam. Alunos insurgem-se contra professores e lhes batem com os punhos ou cadeiradas. E professores infligem castigos corporais a discípulos, com ou sem motivos. Enfermeiros e acompanhantes maltratam idosos. Vizinhos e amigos se desentendem e partem para as vias de fato. No trânsito, motoristas enlouquecidos mutilam, matam e morrem atrás do volante. E depois que saem dele.

Há tantas explicações. Estresse, drogas, permissividade dos costumes, abrandamento das leis que proíbem a palmada pedagógica, mas aceitam a arma na mão do menor de idade tirando vidas, o incentivo da mídia, do cinema e dos games.

Espiritualmente falando, estamos há algum tempo em fase de transição planetária. Ocorre uma apreciável renovação nos inquilinos da Terra. O globo encaminha-se para um futuro em que a maioria será constituída por pessoas de bem, predominando as virtudes sobre as viciações. Está só no começo e depende unicamente de nós que esse processo seja acelerado, porém, em termos de evolução humana não se espera esteja concluído senão em muitas décadas ou até séculos.

Enquanto espíritos mais conscientes de suas responsabilidades consigo mesmos, com o bem-estar alheio e com o meio ambiente, começam a chegar pela reencarnação, com eles vêm verdadeiras chusmas de indivíduos de baixas condições evolutivas para tentar aproveitar uma das últimas oportunidades que lhes estão sendo oferecidas para se emendarem. Ou deixarão de reencarnar aqui sofrendo o degredo para mundos mais primitivos.

Muita da maldade que testemunhamos em nossos dias pode ser debitada na conta da presença desses espíritos viciosos em suas derradeiras chances de correção de caminho. Mas não é só. Elevado índice de ocorrências de violência, embora sempre com raízes mais profundas no passado da alma imperfeita, tem a ver com o presente, o hoje e o aqui.

Estamos na segunda geração - ou seria a terceira? - de mal-educados. Em algum momento destes últimos 40 ou 50 anos extraviamos parte de nossa escala de valores. Ao usar o termo "mal-educados" não nos referimos ao conceito da instrução formal ou da simples ausência de boas maneiras. O alinhamento que se faz é com o conceito de Allan Kardec, examinado anteriormente. Educação não se resume à aquisição de conhecimentos. Estes de nada servem se não forem sublimados em sabedoria para aplicação prática na vida diária.

O fato é que o corpo social está moralmente doente e precisa urgentemente de medicamentos eficazes para, ao menos, minimizar os efeitos deletérios. Valores essenciais à vida das pessoas têm sido corrompidos, herança lamentável que pais deseducados e negligentes estão passando aos filhos.

Respeito ao patrimônio público, aos mais velhos e ocupantes temporários de posições superiores e, sobretudo, às leis como as de trânsito, precisam ser resgatados. Necessário uma inflexão no treinamento para a vida porque poucos estão preparados para exercer essa tarefa.

Devemos ir além das matérias imediatistas que só estimulam a concorrência, a busca de dinheiro, fama e poder. De que vale o título de doutor se seus portadores transformam-se em máquinas irracionais? Cérebros automatizados governando corações vazios? Precisamos de ética e de amor. De tolerância e respeito aos direitos alheios. De nos olhar como irmãos apesar da imensa diversidade familiar. Só com esta postura responsável, sábia e fraterna, poderemos nos orgulhar de estarmos em franco progresso.

Finalizamos transcrevendo a questão 793 de *OLE*, texto inspirador para uma reflexão profunda a respeito.

Acreditais estar bem avançados porque tendes feito grandes descobertas e invenções maravilhosas, e estais melhor alojados e vestidos do que os selvagens. Todavia, não tereis o direito de voz dizer civilizados senão quando houverdes banido de vossa sociedade os vícios que a desonram e puderdes viver como irmãos... Até lá não sois senão povos esclarecidos, não tendo percorrido senão a primeira fase da civilização.

A EDUCAÇÃO ESPIRITUAL QUE PRIVILEGIA O SER E NÃO O TER

ALLAN KARDEC, EX-DISCÍPULO do pedagogo Pestalozzi, notabilizou-se pelo interesse que sempre manifestou a respeito da necessidade de se ministrar educação ao homem. Primeiramente precisamos distinguir instrução de educação. Uma cuida somente de transmitir informações, conhecimentos, aptidões físicas e intelectuais. Educar é muito mais que isso, é preparar o indivíduo para a vida social pelo *"aperfeiçoamento integral de todas as faculdades humanas"*.

E é justamente neste sentido que o mestre de Lyon também a entendia. Veja-se a propósito o que diz em outro trecho do comentário à questão 917 de *O Livro dos Espíritos*, após eleger o egoísmo como o grande vilão do sofrimento humano, ensinando a combatê-lo:

> A cura poderá ser demorada porque as causas são numerosas, mas não se chegará a esse ponto se não se atacar o mal pela raiz, ou seja, com educação. Não essa educação que tende a fazer homens instruídos, mas a que tende a fazer homens de bem. A educação, se for bem compreendida, é a chave do progresso moral. Quando se conhecer a arte de manejar os caracteres como se conhece a de manejar as inteligências, poder-se-á endireitá-los, da mesma maneira como se endireitam as plantas novas.

Outra frase de Kardec no comentário à questão 685, já citada, é ainda mais ratificadora e contundente:

> Quando se pensa na massa de indivíduos jogados cada dia aos seus próprios instintos, deve-se espantar das consequências desastrosas que resultam?... A desordem e a imprevidência são duas chagas que só uma educação bem entendida pode curar.

Temos pensado hoje a educação como a transferência do maior número de informações ou habilidades e tudo visando não formar pessoas de bem, mas pessoas de bens. Educação é vista como o caminho para se atingir mais facilmente o sucesso e para tanto insuflamos a competitividade a qualquer custo. Se desejamos vencer na vida, precisamos ser os melhores, derrotar os concorrentes, ascender na carreira profissional e ganhar mais dinheiro.

Não que essa educação formal não seja necessária. Ela é, de fato, um instrumento de progresso e crescimento individual material. Mas cessam aí suas vantagens. Até esse ponto só trabalhamos o bem-estar do corpo, o TER. Mas e a riqueza espiritual do SER?

Estamos, pais, educadores, sociólogos, religiosos, autoridades, cada vez mais confusos e impotentes para impedir que nossas crianças e jovens se deixem arrastar pelos vícios, pela ruptura dos valores familiares e sociais, que derrapem para a delinquência. Quanto mais liberação sem orientação competente, mais desvios de caráter e de comportamento. A educação é a chave, o espiritismo é a fonte de onde emana o chamamento para um reescalonamento de valores.

Onde está a verdadeira felicidade? Como poderemos alcançá-la? O que fazer para não a afastarmos de nós talvez por muitos séculos? O conhecimento bem sedimentado dos princípios básicos do espiritismo, mais especialmente de três deles: Deus, a sobrevivência da alma e a reencarnação, com todas suas implicações, faria dissolver a ilusão dos prazeres efêmeros vivenciados à custa do prejuízo alheio, da saúde do corpo, da dissolução dos laços afetivos mais genuínos.

Educação é a palavra de ordem se quisermos sonhar um mundo mais feliz nas próximas gerações.

A EDUCAÇÃO INTEGRAL É O ANTÍDOTO PERFEITO CONTRA A VIOLÊNCIA

CINQUENTA E NOVE mil homicídios em 2015 - a grande maioria pelas oito milhões de armas de fogo em posse da população civil -, quarenta e seis mil mortos no trânsito, dezenas de milhares de feridos, de mutilados, de incapacitados permanentes; bilhões de reais em prejuízos materiais e gastos com tratamentos médicos e indenizações.

Esse, apenas o saldo "material" do inventário macabro anual no Brasil. E o sofrimento moral das vítimas e suas famílias? Quanta dor, quanta impunidade e "injustiça" não reparada, quantas pessoas lançadas tragicamente à viuvez e orfandade. Quantos talentos, quantas vidas preciosas - e toda vida humana o é - ceifadas brutalmente!

E o espiritismo, qual a sua possível contribuição para, ao menos, amenizar essa situação? Ora, o pensamento espírita em seu arcabouço, aqui principalmente, filosófico e religioso ou ético-moral, é o elemento transformador por excelência do ser humano. Tem elementos suficientemente desenvolvidos, de modo racional e consistente, para contribuir na solução da maioria dos grandes problemas que o afligem, oferecendo valores concretos para a sua felicidade verdadeira, livre da ilusão material, apesar de inserido no contexto social momentâneo de sua evolução como ser encarnado.

Aplaudimos iniciativas como o "Dia sem carro" e a campanha pelo desarmamento levada a efeito há anos atrás, como julgamos válidos os protestos, as passeatas, as campanhas que visam atenuar o impacto da violência urbana e, agora também, a rural.

Mas não podemos ser ingênuos de pensar que só com estas medidas o problema já estará resolvido. De forma alguma. Mesmo a restrição do uso de armas de fogo as quais, sem dúvida, favorecem em muito a criminalidade em geral e os homicídios em particular.

As armas continuam sendo somente um instrumento que pode ser substituído por outros, talvez não tão eficientes como as armas brancas, e, de qualquer forma, com o dinheiro que circula no narcotráfico e pela falta de estrutura da aparelhagem repressora e preventiva do Estado, as de fogo continuarão chegando às mãos dos indivíduos mais perniciosos ao organismo social e fazendo suas vítimas. Devemos desarmar, antes de mais nada, nossos espíritos e isto só se obtém pela prática do amor e da fraternidade legítima e com todos e não só com uns poucos. É o que deduzimos das palavras do Cristo: "*Mas se amardes somente àqueles que vos amam, que mérito tereis?*"

É de se assinalar também que a imensa maioria das pessoas que habitam este país é constituída por gente séria, honesta e trabalhadora, mas o poder da minoria bandida prevalece. Na resposta à questão 934 de *O Livro dos Espíritos*, os orientadores espirituais, uma vez mais elegeram o egoísmo como o vilão máximo do sofrimento da humanidade para, a seguir, afirmarem que:

> À medida que os homens se esclarecem sobre as coisas espirituais, ligam menos valor às coisas materiais... é preciso reformar as instituições humanas que o entretêm (egoísmo). Isso depende da educação.

Para não sermos repetitivos, reportamos o leitor às questões 917 e 685 citadas anteriormente, extremamente esclarecedoras sobre o papel da educação sob a ótica espírita.

Educar, mais que instruir e não só pelos livros, mas pelo exemplo prático. Educação maciça iniciada nos lares por pais bem preparados, conscientes e responsáveis, passando pelos estabelecimentos de ensino onde poderiam ser incluídas disciplinas específicas de trânsito, de cidadania, meio ambiente, respeito ao patrimônio público, prevenções sanitárias e antidrogas, incluindo os malefícios provindos do tabagismo e do alcoolismo, importância da doação de órgãos, etc. E, mais além, com campanhas envolvendo as igrejas de todos os credos – isto vale também para os espíritas –, ONGs e instituições diversas da sociedade civil como OAB, a mídia e outras.

Este modelo, que possui a desvantagem de provocar resultados mais significativos de médio e longo prazos, tem o mérito de ser mais definitivo, atacando as causas dos males, violência inclusa. Já as medidas repressivas, melhor aparelhamento policial, reformulação do sistema carcerário e mecanismos de ressocialização dos ex-detentos, reestruturação do Judiciário, desarmamento e tantos outros também são úteis e necessários, atacando, embora, apenas as consequências que, em última análise, como vimos é o egoísmo humano.

Este, de fato, só poderá ser extirpado inteiramente do corpo social com o passar, talvez, de vários séculos, mas efeitos parciais e no terreno individual podem ser sentidos de imediato à aplicação quando simplesmente ensinamos nosso filho de três ou cinco anos a respeitar o também filhinho querido da empregada doméstica, sempre, mesmo que eventualmente tenha outra cor de pele; ou quando não permitimos que o filho adolescente dirija automóvel visto ainda não estar habilitado para tal e, se mais velho e habilitado, que receba aconselhamento, seja conscientizado para a responsabilidade que lhe pesa nos ombros com relação à sua própria integridade física e a dos outros. Ou então quando rejeitamos a sugestão para adquirirmos uma arma de fogo a pretexto de proporcionarmos mais segurança a si e à família, o que é uma grande quimera e, antes, mais um fator de risco.

As leis e a ordem impostas à sociedade como resposta à exigência coletiva são bem-vindas e necessárias, mas extremamente melhor quando todos souberem, senão amar e fazer ao próximo quanto e o que desejaria que lhe fizessem, pelo menos respeitar seus direitos, especialmente os mais fundamentais como a vida.

Quanto à lei de causa e efeito e a justiça divina, verdade que elas se materializam através dos próprios homens equivocados no passado longínquo ou recente, como injunção do estágio evolutivo que nos encontramos. Mas não deixa de ser verdadeiro também que Deus dispõe de outros mecanismos para punir Suas criaturas empedernidas no mal, feri-las em seu orgulho e atingir-lhes o ego. Dispensa o "empurrãozinho" de nós outros, como muitos pensam ser necessário, justificando assim o estado de coisas atual e até a nossa própria indolência.

capítulo VI

RELIGIÕES E POLÍTICA

O CENSO E AS RELIGIÕES NO BRASIL

PRIMEIRAMENTE GOSTARÍAMOS DE recomendar ao amigo leitor consultar na *Revista Espírita*, de Kardec, as matérias das edições de julho e setembro de 1866 e janeiro do ano seguinte. Na primeira o codificador escreve sobre os espíritas de "intuição", os tendentes e indecisos, os adeptos de coração, "os levianos, os que serão espíritas amanhã", a utilidade mesmo dos imperfeitos e estimados porcentuais dessas categorias.

Na segunda matéria mencionada, analisa a adesão menor do que nos primeiros anos da doutrina, a necessidade de ação sobre a massa refratária. Na edição de início de 1867, Kardec dividiu todos os indivíduos em 15 categorias e avaliou as chances de cada uma delas se tornar espírita. "*Lançando um olhar sobre as diversas categorias acima* – escreveu ele –, *é fácil ver aquelas junto às quais há um acesso mais ou menos fácil*".

O que podemos fazer em termos de se ampliar a divulgação e comunicação do pensamento espírita à sociedade? Não como forma de proselitismo para nos encher de orgulho ao poder dizer que já somos tantos ou tivemos tal crescimento, mas com o objetivo de fomentar a nossa, digamos, força de trabalho. O espírita é muito reservado, quando não acomodado mesmo. Não no sentido de querer ajudar porque este desejo nunca lhe faltou, mas relativamente aos meios empregados. A promoção social - obras de caridade e participação na solução de outros problemas como a violência, educação, drogas, cidadania - são realizadas de forma isolada, com poucos ou nenhum vínculo com os demais segmentos.

E mais: por acreditar que as realizações individuais ou dos grupos fechados, exclusivamente constituídos de espíritas, sejam suficientes, esquece-se que se tivéssemos um número crescente de adeptos esclarecidos, o trabalho poderia ser muito maior. Com isso se alcançaria um incremento da contribuição do espiritismo para a renovação social. Se os espíritas são reconhecidos pelas atividades de caridade e bem ao próximo, quantos milhares ou milhões de pessoas seriam atendidas social e moralmente se contássemos com um número significativamente maior de voluntários ou trabalhadores, como dizemos em nosso movimento.

Desde 1940, quando a responsabilidade de contar os habitantes do país passou ao IBGE, até 2000, o contingente de espíritas mal passou de 1%, mais precisamente 1,38% ou 2,3 milhões de pessoas naquele ano. Na década seguinte o espiritismo experimentou o seu maior crescimento percentual, ou seja, 65%, totalizando 2,0% ou 3,8 milhões de seguidores.

Se o número de simpatizantes aos princípios espíritas (reencarnação, comunicabilidade com os espíritos, evolução, etc) é estimado em dez vezes ou mais que o de adeptos verdadeiros, não é menos fato que o referido comodismo, sob pretexto do livre-arbítrio tão defendido no meio espírita, faz com que dos quase quatro milhões de espíritas declarados, só um número diminuto abrace a causa integralmente.

A maioria contenta-se em permanecer na qualidade de beneficiários das palestras, passes, estudos, da sopa, da roupa. Certo porcentual participa de maneira discreta nos grupos mediúnicos que atendem desencarnados sofredores, por exemplo, ou de uma equipe que visita um hospital ou asilo, mas poderia fazer muito mais. Com isso aquele primeiro contingente fica sobrecarregado.

Muito diferente da realidade dos evangélicos, cuja atuação e confrontação com os números do censo de 2000 mereceram reportagem de capa da revista *Veja* de 03 de julho de 2002. Normalmente abstemo-nos de comentar sobre as religiões alheias. Neste caso, porém, sentimo-nos à vontade para fazê-lo. Primeiro, porque possuímos parentes muito próximos que são evangélicos. Já eram ou se converteram mais recentemente e os resultados práticos em suas vidas são visíveis e positivos. Em segundo lugar porque pretendemos apontar rapidamente não só alguns pontos com os quais não concordamos, mas também aqueles que merecem elogios.

Note-se que há dezenas de denominações diferentes e dentre elas as que são consideradas mais abertas e outras mais radicais. A presbiteriana, a luterana, a batista, talvez por serem mais antigas, tradicionais e, portanto, bem estabelecidas, dispensando o aliciamento interesseiro, e constituída em grande parte por pessoas de nível de instrução mais elevado, são mais maleáveis, inclusive na tolerância para com as demais religiões, o espiritismo entre elas.

Já as pentecostais utilizam-se do púlpito e da mídia, principalmente eletrônica, para atacar com virulência aos que lhes afiguram como rivais como se não fôssemos todos irmãos, filhos de um Deus único. Espiritismo, para eles, é coisa do diabo e o destino de seus seguidores não poderia ser outro senão as labaredas infernais eternas. Inútil qualquer tentativa de aproximação e diálogo, nem ao menos na forma de demonstrar que estão em erro, que o espiritismo segue a moral do Cristo, que as almas dos chamados mortos apresentam-se voluntariamente e não são evocados e que mesmo que assim fosse, a proibição de Moisés não cabe ao momento e circunstâncias. Distorcem tudo, faltam com a fraternidade e até com os cuidados mais comezinhos da etiqueta e boa educação.

Doutrinariamente falando, as divergências são inúmeras e não cabem ser discutidas aqui. O que destacamos é que, embora não podendo também aceitar os métodos empregados, estes sim, explicitamente proselitistas, isto é, a busca de se fazer adeptos a qualquer custo, a verdade é que, não só é a religião que mais cresceu no Brasil com quase 15% atualmente ou 26 milhões de brasileiros, como tem feito bem a eles.

São todos, inclusive, os jovens, muito unidos e participativos. Atuam em obras sociais, trabalham para melhoria das comunidades e, pelo processo da conversão rápida e com promessas de salvação da alma, mas também de felicidade terrena, acabam por modificar muita gente. Abandonam o álcool, o cigarro e mesmo drogas mais pesadas. Tornam-se pessoas mais responsáveis, confiáveis, mais fiéis no casamento e aos compromissos familiares, dedicados profissionais. Dizia a reportagem:

> As igrejas evangélicas penetram facilmente nas comunidades carentes e oferecem um modelo ético em regiões que as autoridades esqueceram e contribuem para a criação de uma nova ética que trará reflexos para o país.

Não vamos aqui nos aprofundar em teorias sociais para explicar as razões do sucesso, até porque esta não é nossa área. Mas o êxito é inegável, especialmente se comparadas as igrejas evangélicas com as católicas, que vêm perdendo terreno rapidamente, apesar de alguns esforços modernizantes destas últimas como o movimento carismático e a própria postura de humildade dos últimos papas, especialmente João Paulo II e o atual Francisco.

O que os espíritas devem fazer? Imitar os evangélicos? Em alguns aspectos acreditamos que sim, como no caso a união e busca de uma transformação pessoal mais decidida; em outros, jamais. Enquanto o espírita é titubeante, receoso de assumir os deveres que se lhe impõe por força do conhecimento de princípios que deveriam se constituir em elemento propulsor do aumento de sua religiosidade, o evangélico abre mão da fé raciocinada, submete-se às ordens do pastor que, as mais das vezes, explora sua credulidade e seu bolso. De certa forma, iludidos quanto a alguns valores morais ou meios de alcançá-los, são facilmente manobrados. Entretanto, é inegável que apresentam mudanças significativas de caráter e conduta em muito menos tempo do que os espíritas.

Desconsiderando as possíveis muitas falsas conversões, um exemplo emblemático é o dos presidiários. Em Curitiba, havia um trabalho desenvolvido pelos espíritas junto à população carcerária da Região Metropolitana, muito nobre, aliás. Ocorre que enquanto os evangélicos que também atuavam ou ainda atuam nesta área, apresentavam-se em grupos de uma ou duas dezenas, em certas unidades os espíritas compareciam com um único voluntário, isto simplesmente porque ninguém mais aparece para colaborar.

Até o início da desativação da Casa de Detenção de São Paulo onde havia 7.600 reclusos, 20% eram evangélicos, a maioria convertida no local. Entre estes, nenhum se envolveu com drogas, agressões ou crimes dentro da prisão. Recebiam mais visitas, faziam planos para o futuro, eram mais cuidadosos na higiene e arrumação das celas.

E aqui, para nós espíritas, não cabe a desculpa de que o espiritismo está aí para quem quiser conhecê-lo e praticá-lo, aguardando-se que os interessados ou necessitados procurem um centro espírita ou um albergue. Somos nós que devemos ir até eles. Mas não só aos presidiários. Devemos estender a mão amiga e a mensagem consoladora do Cristo, adequadamente interpretada, onde haja dor física, moral ou trevas da ignorância. *"O Espiritismo será o que dele fizerem os homens"*, afirmou Léon Denis. O que estamos fazendo? Como e em quantos?

A RELIGIÃO NOSSA DE CADA DIA

LÁ SE FORAM quase 16 anos e não sei se as coisas mudaram muito de lá para cá, mas, penso que vale a pena dar uma olhada nos números abaixo. Voltando um pouquinho no tempo, a revista *Veja*, em sua edição de 19 de dezembro de 2001, trouxe interessante pesquisa sobre as crenças religiosas no Brasil. Realizada pelo Instituto Vox Populi, a enquete promoveu 1.017 entrevistas por telefone, em 184 municípios, e buscou relacionar a fé do povo brasileiro com variações de renda, escolaridade e a filiação formal às religiões.

Alguns números podem ser destacados como, por exemplo, o de que 99% acreditam em Deus, apesar de que 43% do total declararam-se sem religião, o que já constitui curiosa demonstração de que muitos preferem se manter à margem dos movimentos oficiais ou institucionalizados, talvez porque estes são incapazes de atender suas necessidades individuais ou por julgá-los dispensáveis em seus ritos e exigências formais. Assim dão preferência à vivência de uma religiosidade do que à adesão concreta a qualquer religião. Para muitos outros, enfim, talvez se trate de indiferença.

Já na existência do diabo, 51% disseram acreditar, sendo predominante entre os evangélicos (81% deles temem o Satanás). Aqui, um pequeno reparo à pesquisa. Os espíritas foram somados junto aos profitentes do candomblé e então seriam 22% os que acreditam no diabo. Ora, sabe-se que decididamente os espíritas não creem na existência de um ser supremo do mal, entendendo que todos os espíritos são criaturas de Deus e perfectíveis, isto é, não importa o grau de maldade que ainda conservem, todos, um dia, tornar-se-ão espíritos bons e puros.

Quanto à vida após a morte, dois dados: 1º) 70% dos entrevistados de classe média e alta escolaridade acreditavam na mesma, caindo para 58% entre os analfabetos e com renda mais baixa. Isto conta a favor da recomendação "Instruí-vos" junto com o "Amai-vos" do Espírito de Verdade; 2º) Paradoxalmente, a crença em vida eterna no paraíso é superior à da própria sobrevivência com um total de 83% (96% entre os evangélicos seduzidos pelas promessas dos pastores; 84% entre os católicos e novamente a mistura indevida do candomblé com o espiritismo - 72% e até 68% entre os "sem religião"). Novo equívoco em relação aos espíritas que entendem ser a evolução infinita, jamais atingindo um estágio de ociosidade monótona num lugar de privilégios e deleite.

Outra incongruência que mostra a prevalência da fragilidade conceptual da fé dos brasileiros é o fato de que contra os 83% que acreditavam no paraíso, só 55% fazem o mesmo em relação ao inferno ou punição eterna. O otimismo vai mais além. Mesmo os que acreditam nele, ninguém admite que vá acabar lá. Ou seja, todos são bonzinhos ou quase e o inferno é só para o vizinho.

Sabemos que este, infelizmente, é o pensamento dos nossos irmãos evangélicos em relação aos espíritas, pois "evocar os mortos" (o que não se faz, pois estes se apresentam espontaneamente), crer na reencarnação, etc é "coisa de Satanás". Deste modo, 34% acham que irão direto para o paraíso, 15% que irão reencarnar; para 14% acaba a existência - dos mesmos que diziam acreditar em Deus! - e 11% admitem uma passadinha pelo purgatório.

De todos estes números, o que mais nos chama a atenção - e a própria reportagem observava - é que no Brasil parece estar estabelecido aquilo que se poderia denominar de "sincretismo teórico" ou doutrinário e, por que não, também, em muitos casos, prático. Por via das dúvidas, cada um acredita um pouco em cada coisa. Para usar as palavras da *Veja:*

> Boa parte dos fiéis está olhando para a religião como se estivesse diante de uma prateleira de supermercado. Empurrando o seu carrinho, escolhe os itens que mais lhe agradam entre os oferecidos.

De fato, não é novidade para ninguém o sincretismo religioso na Bahia onde se venera os santos católicos dando-lhes outras denominações e as mães-de-santo lavam as escadarias das igrejas com o beneplácito dos padres. Ou do movimento carismático do catolicismo com uso de passes (dos espíritas) ou curas coletivas e *shows* com música (dos evangélicos). Quanto a estes, pela teatralização dos exorcismos, de certa forma, buscam fazer a desobsessão (afastamento dos maus espíritos) que é prática espírita. Sem contar que a pesquisa não envolveu - ou não apanhou - dados de outras correntes e seitas como o budismo, o islamismo, rosacruzes, esotéricos e místicos de todos os matizes.

Pesquisas diversas revelaram que cerca de 70% dos brasileiros acreditavam na reencarnação. Se os espíritas são cerca de 10% do total da população, significa que os outros 60% são constituídos por católicos, budistas, "sem religião". Cerca de 50% também aceitam a mediunidade e as curas espirituais. Quem forma este contingente?

Talvez isto sinalize favoravelmente no sentido de uma maior permeabilidade a ideias novas, a um ecumenismo ou para uma situação futura de longo prazo em que se tenha uma única religião. Talvez o brasileiro, marcadamente místico, seja o terreno fértil para a implantação de conceitos mais abrangentes de espiritualidade.

Mas não há como duvidar que esta salada de frutas, onde praticamente a cada dia busca-se o apoio de uma religião diferente, num verdadeiro cardápio da fé, contribui para confundir, distorcer e, muitas vezes, enganar os fiéis. Se 43%, como vimos acima, já construíram a sua própria religião, talvez erigida na fé vaga, ocasional e oportunista apenas na existência de Deus, desprezando a frequência aos templos de qualquer natureza, há também aí outros 57% que preferem experimentar de tudo e ao mesmo tempo. Apanham o batismo e o matrimônio católico, o passe e a água fluidificada espírita, a meditação e o *yoga* budista, o exorcismo e a promessa do céu evangélico e o "despacho" do candomblé, tudo muito bem irrigado, é claro, por brilhantes e infalíveis fórmulas de sucesso dos livros de autoajuda.

AS ELEIÇÕES E O CIDADÃO ESPÍRITA

HÁ ALGUNS ANOS atrás, uma reivindicação por melhoria salarial dos militares consagrou a expressão "não somos melhores, nem piores; apenas diferentes". A mesma pode ser aplicada aos espíritas. Há alguns diferenciais entre eles e os profitentes dos demais segmentos religiosos ou correntes filosóficas.

Mas, às vezes, lhes são imputadas certas particularidades indevidamente. Provavelmente por sua própria culpa. Uma delas se refere ao comodismo em relação às possíveis mudanças na vida terrena do homem. Como se procura centralizar as atenções na sua essência espiritual, elegendo como prioritárias as necessidades da individualidade imortal, passa-se, até inconscientemente, a impressão de que não se empresta valor às coisas materiais, aceitando, não raro, com excesso de passividade, as agruras impostas pelas diferenças sociais e outras vicissitudes.

Laboram intensamente na suavização do sofrimento alheio oferecendo remédios de longo prazo obtidos do formidável manancial de conhecimentos que dispõem sobre a origem, natureza e destino do ser humano; e de curto, por meio da assistência e promoção social, delegando aos outros tomarem as decisões da administração pública e das transformações sociais. Esquecem que o *Nosso Lar*, por enquanto, é aqui e agora.

O consolo de uma vida futura mais feliz não serve para justificar a negligência do presente na Terra. Mundo de provas e expiações, tempo de exílio e acerto de contas com a justiça divina e reconstrução de si mesmo, mas não precisamos levar ao pé da letra certos preceitos exagerados de humildade e resignação diante do sofrimento com o qual Deus não se compraz. Devemos cuidar do nosso planeta e da vida humana, embora sem perder de vista os horizontes do espírito.

Um exemplo. Há quem ainda ache que os espíritas devem se manter a distância da política. Discordamos. O espírita é um cidadão como qualquer outro e, como tal, com idênticos direitos e deveres. Diríamos mesmo que seus deveres são maiores. É o que ensinam os próprios espíritos evocando as palavras de Jesus quando afirmava que a quem mais se der, mais lhe será cobrado.

O espírita tem, ou deveria ter, um grau de sensibilidade mais apurado para os problemas sociais porque tenta pautar sua vida terrestre, na condição de espírito encarnado em evolução, na moral do Cristo e ela ensina-nos que a verdadeira fé é a que se consubstancia por obras. E a melhor exemplificação de fé com obras é fazê-la em benefício de seu semelhante, aceitando como real outra colocação dos mentores, em *O Evangelho segundo o Espiritismo* de que *Fora da caridade não há salvação*, isto é, do trabalho em prol da felicidade dos irmãos de jornada.

Estamos todos no mesmo barco social e se um passageiro estiver passando mal, gerará inquietações gerais porque o mal da violência, do egoísmo, da miséria, do desemprego, todo ele, costuma possuir alto grau de contágio. Pior se quem está combalido ou é mal-intencionado é algum dos membros da tripulação.

A família é uma pequena embarcação; os grupos, as instituições, as cidades, os países são maiores. O Brasil é um grande barco. Numa democracia, as tripulações não são impostas, mas escolhidas pelos passageiros, o povo.

Verdade que as opiniões de alguns espíritas não são contra o exercício do voto consciente e responsável e, sim, contra a prática da política partidária. Temerosos muitos com a possibilidade de as instituições espíritas virem a servir de palanque de campanha. Parece-nos absolutamente infundada tal preocupação. A direção das casas não permitiria tal abuso mesmo que alguém tentasse.

Quanto àqueles que receiam ver espíritas pleiteando cargos políticos por imaginá-los com força insuficiente para resistir às pressões do sistema, cremos também haver subestimação das capacidades alheias. A expectativa sempre é de que o verdadeiro espírita saiba portar-se com dignidade onde estiver, em quaisquer circunstâncias, mantendo conduta reta e sóbria, imune aos assédios das sombras da corrupção.

Não duvidamos da existência de pressões e nem imaginamos infantilmente que um espírita, feito representante do povo, não tenha que vez ou outra submeter-

-se a acordos, participar de grupos de interesses, *lobbies* e coisas do gênero. O político precisa ter, como se diz, jogo de cintura. Faz parte da atividade a necessidade de negociação. Isso não o impede de agir sempre com integridade, segundo os ditames de uma consciência reta, estabelecidos e solidificados na moral cristã e legitimando o "talento" evangélico de quinhão de poder que lhe é conferido pelo voto em benefício real do povo, de maneira lícita e justa.

Enfim, ninguém está imune às tentações do poder e do dinheiro e todos somos falíveis. Quedas não são novidade em setor algum da atividade social e, lamentavelmente, fomos 'brindados' pessoalmente, recentemente, com alguém, militante político, que se dizia espírita e tristemente se viu enredado pelo Código Penal.

Mas, se temos que votar, escolhendo a tripulação de nosso barco dentre tantos cidadãos comuns de todas as religiões, convicções ideológicas, raças, sexo e condições socioeconômicas, alçando ao poder os melhores, por que alijar da disputa os espíritas?

Que ótimo se tivéssemos vários deles nas Câmaras de Vereadores, Prefeituras, Assembleias Estaduais, no Congresso Nacional. Seriam os porta-vozes não só de uma filosofia, como outros que se arregimentam em bancadas específicas deste ou daquele credo religioso, unindo-se em torno de objetivos duvidosos, mas levariam para este meio, como o "sal da terra", o exemplo de dignidade, solidariedade, seriedade no trabalho e desejo de transformação social em bases mais justas e felizes.

Como já nos disse Platão, a desgraça daqueles que não se interessam pela política é serem governados pelos que se interessam. Por isso, nós, simples eleitores, não sejamos indiferentes. Não nos deixemos dominar pelo desencanto da mentira, da promessa não cumprida, da conduta desonesta de alguns, mesmo que sejam muitos. Sempre haverá alguém que merecerá a nossa confiança.

É importante usarmos a força do voto para demonstrar a nossa satisfação ou não para com os ocupantes de cargos e a situação vigente. Boa parte do nosso destino fica à mercê dos administradores públicos. Muito da nossa vida pessoal, familiar, social e econômica é definida pela ação dos que se investem de certa missão perante as leis divinas e tornam-se responsáveis pelos resultados advindos do bom ou mau uso que façam deste poder temporário.

Não adianta reclamar; é preciso atuar. Eleger pessoas que conheçamos ou bem recomendadas e depois cobrar delas as promessas de campanha. Para isso nós os colocamos lá e para isso nós os pagamos com os impostos.

Nem todo político é corrupto, ladrão. Há muitas pessoas bem-intencionadas. Cabe-nos descobri-las e fazê-las nossos representantes.

AS TRANSFORMAÇÕES SOCIAIS NO PALCO DAS RUAS E OS ESPÍRITAS PROTESTANTES

OS ESPÍRITAS PODEM se juntar às manifestações das ruas como as que ocorreram em 2013 e se repetiram em 2015/2016, varrendo o Brasil de ponta a ponta? Não só podem como devem. Propiciada pelos regimes democráticos, é uma garantia constitucional a todo cidadão brasileiro, não só o de ir e vir, mas também de expressar livremente seu pensamento, sentimentos, desejos e aspirações, desde que respeitando as leis e os direitos alheios.

Do ponto de vista moral e espiritual também dispõe desse direito que lhe é garantido pela posse do livre-arbítrio. Em princípio, pode fazer qualquer coisa desde que assuma a responsabilidade pelos seus atos. Tudo que pensar, falar, sentir e agir gera consequências perante as leis divinas. Mas também o que deixar de fazer provoca efeitos, mesmo que seja o de não mudar nada.

E é aí que entra o aspecto proposto de que o espírita não apenas pode, mas também deve participar ativamente de todos os processos que contribuam para a melhoria material, intelectual, social, moral e espiritual do planeta. Não podemos nos fechar em nós mesmos sob o pretexto da indiferença, da satisfação individual ou de que Deus irá resolver os nossos problemas.

Vejamos alguns ensinamentos recolhidos de *O Livro dos Espíritos*. Na questão 784, Allan Kardec pergunta se, diante da perversidade humana, não estaríamos marchando para trás em vez de progredir moralmente. Os espíritos superiores respondem que, no conjunto, a cada dia a Humanidade avança, corrigindo os abusos e que há necessidade dos males atingirem extremos para conscientizar sobre a necessidade do bem e das reformas. E o que estamos vendo atualmente não é exatamente o excesso de corrupção e descalabro político, uma crise social e de valores sem precedentes?

Numa outra pergunta, a de número 932, a questão é saber a razão de, em geral, as pessoas más se imporem sobre as boas. E a resposta eloquente: "*Pela fraqueza dos bons; os maus são intrigantes e audaciosos, os bons são tímidos. Quando estes o quiserem, dominarão*". Logo não podemos pactuar com posturas passivas ou omissas.

Teriam as mazelas sociais chegado aos limites do suportável pela nossa sociedade? Parece que sim. A reação "dos bons" pode ser a receita para barrar a ousadia dos negligentes e corruptos. O progresso intelectual permite a condição de diferenciar o certo do errado e antecede o progresso moral, porém, este não segue aquele de imediato. Temos aí a distância comumente encontrada entre a teoria e a prática.

Sabemos que o egoísmo, o ódio, a inveja, a avareza constituem defeitos de caráter. Nossa consciência acusa; as pessoas que nos cercam reclamam e isso nos causa dissabores, inimizades, enfermidades físicas, insucessos diversos e mesmo assim temos grande dificuldade de implementar as medidas necessárias para promover as mudanças que nos tornariam mais felizes.

O progresso, continuando a pinçar os ensinamentos dos espíritos instrutores na obra citada:

> [...] pode ser lento e regular, mas, às vezes, Deus permite abalos físicos ou morais para apressá-lo. As revoluções morais como as sociais se infiltram pouco a pouco nas ideias e germinam, às vezes, por séculos até que, de repente, eclodem e põem abaixo as estruturas arcaicas que não atendem mais às novas necessidades e aspirações.

Parece, pois, que nosso país está vivendo um momento destes em que, transformações incubadas durante décadas, subitamente emergem na forma de protestos que exigem mais respeito por parte dos governantes, das autoridades públicas em geral, especialmente aqueles que receberam o nosso voto de confiança nas urnas para nos representar dignamente e não o fazem. Diz *O Livro dos Espíritos:*

> A Humanidade, progride pelos indivíduos que se aperfeiçoam aos poucos. Quando se impõe pelo número, tomam a frente e arrastam os demais.

É o que estamos assistindo nestes movimentos de massa não só aqui no Brasil como em várias partes do mundo. Não se pode falar em maioria, pois o número dos que foram às ruas, ao todo não passou de três, quatro milhões.

É uma parcela mais esclarecida da população e que mesmo sem ser maioria, tem contado com a simpatia de muitos milhões de outros, cansados de suportar tanto descaso do Estado com as necessidades básicas que são de todos nós como educação, saúde, transporte, segurança e a vergonhosa chaga verde-amarela da corrupção sem fim.

É cedo para avaliar sobre os resultados práticos destes protestos, mais na forma de espasmos do que movimento continuado. Estes que estão hoje no governo terão verdadeira sensibilidade para ouvir o clamor das ruas? A primavera árabe destituiu ditadores, mas em alguns lugares foram substituídos por outros semelhantes ou regimes totalitários disfarçados de democracia como no Egito que, coincidentemente, voltou às ruas pela insatisfação da governança que havia assumido o comando.

Cada país tem suas peculiaridades sociais, econômicas, culturais, históricas e, em muitos casos, também a influência étnica e religiosa. Mas, aqui no Brasil, parece-nos que um avanço verdadeiro só se alcançará quando a maioria ratificar sua vontade através do voto, promovendo uma faxina ética completa nos quadros do governo.

Na questão 785 da obra supracitada, somos informados de que o maior obstáculo ao progresso moral é o orgulho e o egoísmo. Sem discordar, acrescentamos a ignorância. Então teríamos duas vertentes. Numa o progresso material e tecnológico realizado pelo combate à ignorância através da educação formal ou simplesmente instrução.

Já para o progresso moral e espiritual necessitamos

da educação no sentido mais amplo, biopsicossocioespiritual, tal como preconizada por Allan Kardec, a arte de construir o caráter e formar pessoas de bem. Então, através dessa educação de sentimentos, de conscientização ética, podemos golpear o egoísmo, gerando mais solidariedade, tolerância, liberdade e justiça.

Quanto às desigualdades sociais, a questão 806 lembra que elas não são obra de Deus, mas dos homens. O espírita, mais até do que qualquer outro, deve ser um agente ativo das transformações sociais no aqui e no agora, propiciando condições das almas se aperfeiçoarem o máximo possível na imprescindível escola terrestre. Mas onde exatamente entra o espiritismo nessa história? Como ele pode ajudar efetivamente para o progresso social e moral?

O espiritismo contribui, segundo a questão 799:

> [...] destruindo o materialismo, esclarecendo o homem sobre sua vida futura. Dissolve todos os preconceitos e ensina a grande solidariedade que deve unir todos os homens como irmãos.

É preciso dizer mais?

Finalizamos com uma referência especial contida no livro *A Gênese*. No capítulo XVIII, tópico "Sinal dos tempos", pontifica: "*O Espiritismo não cria a renovação social; é a maturidade da Humanidade que fará desta renovação uma necessidade*". Ou seja, o progresso intelectual da sociedade, não somente o conhecimento sobre as ciências, mas a sabedoria filosófica sobre a vida, e a descoberta profunda das leis divinas e o autoconhecimento é que tirarão os homens da sonolência espiritual, conduzindo-o à aceitação e aplicação dos princípios e valores morais sugeridos pelo espiritismo como proposta de vida e convite à felicidade verdadeira.

Um dia cada criatura se cansará de migrar da dimensão espiritual para a material e seguir o caminho de volta, de reencarnação em reencarnação, sempre errando e se desiludindo com prazeres efêmeros que a mantém vazia. De tanto sofrer acabará por buscar alternativas e as encontrará justamente no conhecimento da filosofia espírita e na prática dos ensinamentos de Jesus e outros grandes baluartes da Humanidade que há tanto tempo vem desprezando.

Porém, não podemos esperar de braços cruzados que as coisas aconteçam, que criaturas mais evoluídas desçam das estrelas e promovam a regeneração planetária. Jesus está no leme, mas a tripulação é composta pelos homens de bem e são eles que devem remar.

Participar ativamente deste processo é dever de todos, especialmente os espíritas, pelo avantajado grau de consciência que já dispõem. Manifestar sua insatisfação, expressar indignação pelas injustiças e abusos de poder, cobrar ações concretas e firmes contra a impunidade é uma forma de tributo que pagamos a César, o mundo material em que nos encontramos, em que vivem ou viverão nossos filhos e netos e ao qual provavelmente teremos que nós próprios retornar pelas portas da reencarnação.

Não há como fugir às responsabilidades. Esta é a nossa casa e devemos trabalhar dedicada e intensamente para que nela se instale o mais rapidamente a paz e todos os valores éticos e morais que desejamos desfrutar no futuro que sempre começa no dia de hoje.

capítulo VII

DINHEIRO

O HOMEM
E O DINHEIRO

RECURSOS ECONÔMICOS, FORTUNA, dinheiro. Tome-se no conceito mais amplo ou restrito, sabemos bem do que se trata e para que serve. Juntamente com a inteligência humana, constitui o combustível do progresso. Sem ele ficaríamos estagnados. Os próprios recursos tecnológicos do desenvolvimento das sociedades são apenas meio e não um fim, decorrentes do impulso inicial dado pela vontade humana que utiliza a riqueza disponível.

O dinheiro, como vários outros recursos colocados à disposição do homem, é neutro, nem bom nem mau. O que o qualifica de uma ou outra forma é o seu uso. Se adequado, parcimonioso, equilibrado e ético, com fins que visem o bem-estar coletivo, será útil e positivo. Se transformado em instrumento de satisfação exclusivamente pessoal ou quando adquirido à custa do que de direito pertence ao semelhante, temos o abuso. Num caso o egoísmo devorador do ser, no outro a subtração criminosa.

Não é à toa que Jesus tratou do assunto numa de suas mais conhecidas parábolas, a dos talentos. Num desdobramento da lição, imaginamos o dinheiro em si como um dos talentos gerais, ao lado da saúde, poder, família, inteligência, a fé ou o conhecimento religioso, as amizades, o tempo e as aptidões profissionais. Tudo o que de mais valioso recebemos na atual reencarnação representa talentos colocados ao nosso dispor e dos quais teremos que prestar contas um dia. Ao adentrarmos no mundo espiritual não seremos inquiridos sobre o quanto possuíamos na Terra ou quais títulos ostentávamos, mas, simplesmente, o que fizemos de bom com eles para aplacar o sofrimento dos irmãos de caminhada.

A prova da riqueza nas mãos humanas é mais perigosa do que a miséria. Enquanto esta, às vezes, provoca lamentação e revolta, aquela conduz aos excessos de toda ordem, constituindo-se no laço mais poderoso que prende o homem à Terra. Além de, frequentemente, escravizar durante a vida, continua fazendo-o após a morte. O apego exagerado às coisas materiais, como propriedades, objetos e valores em espécie, dificulta a partida da alma após a desencarnação.

Como nos lembra o apóstolo Paulo "*porque o amor ao dinheiro é a raiz de toda espécie de males*". Outra passagem evangélica (Lucas, cap. XII, vs. 13 a 21), sobre a avareza, relata a respeito do fazendeiro que tendo obtido uma colheita muito maior do que comportavam seus celeiros, em vez de repartir com os vizinhos necessitados, decidiu derrubá-los e reerguê-los muito maiores para se regalar no ócio para o resto da vida.

Segundo o que sabemos a respeito da riqueza, quem não a tem hoje, ou seja, na atual existência terrena, já a teve ou a terá amanhã. Ela é necessária e legítima quando adquirida pelo trabalho honesto e bem empregada. Quanto à questão do porquê não serem todos igualmente bem aquinhoados no presente, tal se deve ao fato dos homens não serem igualmente inteligentes, ativos e laboriosos para adquirir nem moderados e previdentes para conservar.

As desigualdades sociais envolvem dois aspectos: necessidade e mérito, não só no sentido material, mas também do espiritual. Daí a gangorra da fortuna na sucessão das existências e até mesmo durante a mesma vida terrena pelo império inexorável da justiça divina. Se partilhássemos por igual a cada ser humano a riqueza existente, em pouco tempo as diferenças ressurgiriam. Enquanto uns se limitariam a gastar até o final a sua cota, outros, mais dinâmicos e progressistas, fariam com que sua parte crescesse.

Não sem razão que as ideias socialistas originadas a partir das teorias marxistas de meados do século XIX estejam hoje totalmente superadas. Apesar das distorções provocadas pelo capitalismo, não se pode impedir que os mais competentes movimentem os recursos que promovem a oferta de empregos, os avanços tecnológicos, as pesquisas e descobertas científicas.

Quando Jesus impôs ao jovem que desejava segui-lo a condição de se desfazer de todos os seus bens, não quis estabelecer como princípio absoluto que cada um deve se despojar daquilo que possui como forma única de salvação. Era mais um teste para suas disposições íntimas no que, aliás, demonstrou ainda não estar preparado.

É justo estudar, trabalhar, buscar o conforto e o bem-estar material, desde que moderadamente. Não podemos é vender a alma ao diabo, como se diz, para obter isso. Infelizes os que, completamente tomados pela cegueira espiritual, vivem em função de acumular posses. Sábios os que sabem viver com pouco. Infelizes os que já tendo bastante, querem sempre mais. Desgraçados os que para isso adentram as veredas escuras da corrupção e da apropriação do que não lhes pertence.

A VENDA DA PRÓPRIA ALMA

UMA REVISTA DE grande circulação nacional, datada de novembro de 2012, fez uma instigante reflexão a respeito da ética nos relacionamentos humanos, enfocando especialmente o viés econômico.

A matéria partiu do tema constante na capa, ou seja, o inusitado leilão aberto em âmbito internacional por uma jovem brasileira que decidiu assim vender uma parte ou característica íntima de seu corpo que deveria ter-lhe rendido 780.000 dólares, mas acabou não se consumando por desistência do vencedor.

Mas a reportagem da revista oferecia vários outros exemplos em que era testada a elasticidade dos conceitos morais vigentes em nossa sociedade ao se confrontar com situações reais ou possíveis de ocorrer.

A pergunta que se faz é: "Até que ponto o utilitarismo e o pragmatismo que transformam tudo em objetos de consumo, a coisificação massiva e valorizada estritamente pelo seu uso prático, podem ser aplicados à família, na natureza, nos direitos cívicos e na própria consciência".

A questão é definir aquilo que é legítimo e passível de ser reduzido a meros objetos ou atitudes para uso comercial, daquilo que fere o bom-senso e as regras mínimas para se ter uma vida digna. Ou seja, discernir sob a luz da razão e da ética, o que é certo do que é errado. Para o filósofo alemão Immanuel Kant *"certo é o ato individual que se repetido por toda a sociedade, a torna melhor"*.

Aliás, é o mesmo Kant que apregoava que o homem deve fazer o bem pelo bem e não por obediência a códigos religiosos e temores de represálias dos seus semelhantes ou mesmo de Deus. Faz parte da natureza humana, ente superior e racional, o dever de ser honesto, justo, solidário.

Mas nem todos concordam. Vozes eminentes têm defendido a ideia de que se as partes contratadas estão de acordo e o objeto do contrato não causar prejuízos a terceiros, não haveria barreiras que as impedissem de executar o combinado. Nesta linha de pensamento está Gary Becker, prêmio Nobel de Economia em 1992 e o jurista Richard Rosner os quais parecem ter uma resposta na ponta da língua quando se trata de justificar a mercantilização de valores que sempre foram considerados intocáveis.

Já do lado oposto está o filósofo Michael Sandel, da Universidade de Harvard. Em sua opinião o que se vê hoje é o dinheiro invadindo áreas que deveriam ser interditadas à chamada economia de mercado. Esta é salutar por democratizar as atividades produtivas, mas ao criar uma espécie de sociedade de mercado, estamos perdendo a capacidade de separar justamente o certo do errado.

A venda de bebês, por exemplo, segundo este modo torto de ver as coisas, traria vantagens, diminuindo as filas de adoção e, por consequência, o número de crianças sem lar. O comércio de órgãos para transplantes também apresentaria vantagens semelhantes. O que eles preferem não ver é que fatalmente só os ricos teriam acesso a este mercado e os pobres jamais seriam contemplados e acabariam morrendo sem qualquer possibilidade de reverter a situação.

Outros exemplos incômodos. Algumas cidades americanas ostentam placas de publicidade nos carros da polícia. Em algumas prisões de lá, quem for condenado a penas mais leves e possuir recursos financeiros, pode pagar por celas mais confortáveis. Aqui no Brasil isso também ocorre, mas de forma clandestina à base do suborno de agentes penitenciários e autoridades.

Qualquer pessoa pode comprar a cidadania americana, desde que disponha e esteja disposto a desembolsar 500 mil dólares. Indivíduos se candidatam a servir de cobaias no desenvolvimento de novos remédios. Não por necessidade própria de recorrer a um tratamento alternativo por terem falhado todos os outros, porém, simplesmente por dinheiro.

Experiências em escolas que usaram incentivos financeiros para os estudantes fracassaram porque logo eles abandonaram totalmente o interesse no aprendizado em si, tendo por meta somente a recompensa que, uma vez retirada, fazia baixar as notas. Também bancos de sangue que pagavam por ele viram os estoques minguarem porque os antigos doadores deixavam de fazê-lo e os que vendiam eram em número inferior ao necessário.

Estamos falando de sociedade, economia, filosofia, saúde, direito, moral. E, portanto, estamos falando de espiritismo. Allan Kardec afirmava que esta "*filosofia espiritualista, de caráter científico e consequências morais toca todos os ramos do conhecimento material e metafísico*".

E é verdade. O espiritismo não constitui um conjunto de ideias estanques a investigar somente a imortalidade da alma desencarnada ou amar a Deus. Faz isso também, mas busca ainda estudar o "homem no mundo" que, para chegar bem no outro lado da fronteira da vida, necessita reconhecer os limites que desavisadamente o seu livre-arbítrio quer ultrapassar sem assumir as responsabilidades consequentes. A imperfeição das leis humanas não autoriza o indivíduo a abdicar da moral e da ética a pretexto de, literalmente, se dispor a vender até a própria alma.

CORRUPTOS, FILANTROPOS, A SOCIEDADE E UM FUTURO

NUM MOMENTO PARTICULARMENTE triste da história brasileira quando a mídia não para de escancarar o mar de lama que, com a força de um *tsunami* imoral atinge toda a sociedade, é de se perguntar se resta alguma esperança. Dentro do propósito de examinar o que a filosofia espírita oferece para coibir o mal e predispor o indivíduo a obter a felicidade, não podemos deixar de mencionar os fatos lamentáveis que envergonham o país.

Segundo organismos internacionais especializados, somos um dos campeões mundiais em corrupção, fazendo companhia a alguns países africanos insignificantes e parece que quanto mais se denuncia, se investiga e se prende gente com ela envolvida, sempre mais ela ocorre. Mas por que essas pessoas abrem mão tão descaradamente de sua dignidade para apropriar-se fraudulentamente do dinheiro alheio? Que tipo de ambição desenfreada e estúpida está por trás da ausência de caráter capaz de esquecer todos os escrúpulos para com sua consciência e avançar tão afoitamente no dinheiro público?

Na questão 922 de *O Livro dos Espíritos*, somos esclarecidos que a felicidade resume-se, para a vida material, na posse do necessário e, para a vida moral, na consciência tranquila e na fé no futuro. Está claro que os corruptos não são felizes e não possuem consciência nem fé no futuro, preocupados que estão unicamente com o hoje, ao máximo possível e a qualquer custo.

Seguem totalmente iludidos pelo desejo irrefreável de TER, esquecidos de valorizar o SER, ignorando sua própria natureza de essência divina em trajetória imortal, provisoriamente instalada num corpo de carne e num mundo do qual nada levarão, exceto as experiências e o resultado moral de seus atos. Buscam, ensandecidos, muito mais do que necessitam e, como se diz, não estão nem aí para a consciência amordaçada pelo egoísmo, orgulho, inveja e ambição.

Poderiam aprender algo, se não querem fazê-lo na fonte das religiões e das filosofias, com alguns exemplos humanitários. Em 2005 anunciou-se que, como consequência direta do empenho do então primeiro-ministro inglês Tony Blair, o G-7, grupo dos sete países mais ricos do mundo, estava perdoando uma dívida de 40 bilhões de dólares de 18 países africanos, Honduras e Bolívia, mergulhados em grave crise política e social. Entre 1997 e 2002, o mesmo G-7 já havia gasto 234 bilhões de dólares com ajudas internacionais.

Bill Gates, o multimilionário fundador da *Microsoft*, em 2001, anunciou a doação de 100 milhões, sempre em dólares, para o combate da AIDS, principalmente na África onde estão 70% dos afetados pela doença e afirmou que "as vítimas da AIDS na África não são só números" e " suas mortes é como se perdêssemos um amigo ou parente". De 1999 a 2003, ele doou 22,9 bilhões - valor superior à somatória dos outros 19 filantropos de uma lista de 20 -, inclusive ao Brasil, em cursos de informática nas favelas cariocas e já avisou que 98% de seu patrimônio de cerca de 60 bilhões de dólares seriam repassados à fundação por ele criada.

Mas Gates não é o único. O americano Walter Hubbert Annenberg, ao morrer em 1994, doou metade de sua fortuna (2,5 bilhões de dólares). Em 2002 as doações dos americanos somaram 240 bilhões, cerca da metade do PIB brasileiro naquele ano. Agora, a maioria dos ricaços doam ainda em vida, através de fundações. Assim controlam melhor a destinação do dinheiro, evitam fraudes e exigem resultados mensuráveis, eficiência e transparência.

Quem recebe tem que se profissionalizar e nisto tudo tem um papel importante a ética protestante prevalecente nos EUA onde se destaca a responsabilidade individual no desenvolvimento social. Os novos doadores preocupam-se menos com artes e mais com saúde e educação. Outra preocupação deles é não deixar grandes heranças. "*Se eles têm tanto dinheiro* - referindo-se aos filhos - *que lhes falta motivo para sair da cama de manhã, estaremos lhes fazendo muito mal*", afirmou James Stower, o quinto do *ranking*.

E aqui, será que alguém pensa e age parecido? O médico Antonio Massigla, em março de 2003, doou 85 mil dólares à Faculdade de Medicina da USP de Ribeirão Preto. Já o ex-aluno da UFMG, o banqueiro Aloysio de Faria, destinou 4,3 milhões de dólares ao Hospital de Clínicas de Belo Horizonte e Luiz de Queiroz, ex-aluno de agronomia da USP-Piracicaba, deixou em testamento uma fazenda avaliada em 16 milhões de dólares. Nomes que precisam ser reverenciados em contraposição a todos aqueles que poluem as páginas dos jornais e a mente dos cidadãos honestos.

Estes são alguns dos grandes e generosos afortunados, mas há outros milhões, mesmo aqui no Brasil, anônimos, solidários, que oferecem o auxílio pelo trabalho voluntário ou diretamente em valores, às vezes, muito singelos, tal como o precioso óbolo da viúva, citado por Jesus. O mundo e o Brasil estão mudando para melhor, apesar de tudo. As crises são sintomas de mudanças e as conquistas sociais têm um preço. Não deixemos que eles estraguem nossas vidas, sabotem nossas esperanças neste futuro promissor.

E por falar nisso, quanto aos corruptos, paradoxalmente só devem inspirar nossa mais profunda compaixão. Ainda conforme palavras do Cristo, certamente não sabem o que fazem. Se soubessem que, mesmo contando com uma chance razoável de escapar da justiça terrena – na complacência da brasileira, principalmente –, não terão igual sorte em relação à divina, agiriam de outra forma. Mais cedo ou mais tarde, na atual ou na próxima encarnação e, especialmente no intervalo entre elas, arcarão com as duras consequências de seus delitos.

Portanto, interpretações à parte, se o camelo evangélico era um animal ou uma grossa corda, mas capaz de passar mais facilmente no buraco de uma agulha do que um rico entrar no reino dos céus, somado à informação dos espíritos de que a prova da riqueza é sempre mais perigosa do que a sua oposta, o fato é que devemos estar sempre vigilantes para com o próprio comportamento em relação aos "talentos" que nos foram cedidos por empréstimo. Ainda que um volume de recursos nos tenha chegado às mãos legitimamente, fruto do trabalho e competência, cuidado especial deve ser dado ao emprego dos mesmos. Estamos sendo fiéis depositários da confiança divina ou estão servindo exclusivamente para satisfazer caprichos pessoais e egoísticos?

EX-DONO DA *MICROSOFT* DOA CEM MILHÕES DE DÓLARES

UM POUCO MAIS de Bill Gates. Ele é considerado o maior filantropo do mundo. Em 2001, como dito antes, ele doou a quantia acima destinando o valor às pesquisas de uma vacina contra a AIDS que só no ano anterior, segundo a OMS - Organização Mundial de Saúde - vitimara três milhões de pessoas. É uma soma expressiva, sem dúvida. Ou não? Dirão muitos, para deslustrar-lhe o mérito, que para o homem mais rico do planeta - fortuna calculada, à época, em cerca de 60 bilhões de dólares - não passava de uma ninharia ou 0,16%. É como se uma pessoa que recebe dois mil reais por mês doasse três reais e vinte centavos do seu salário. Outros tantos poderão acusá-lo de com esse gesto pretender ganhar a simpatia do governo, clientes e comunidade internacional, especialmente depois que foi obrigado a dividir ou vender parte da gigante de informática, acusado de monopólio.

Convenhamos que alguém como ele, na invejável situação financeira que se encontra, pode muito bem se dar ao luxo - o que, aliás, não parece inebriá-lo - de dispensar a simpatia de quem quer que seja. Naturalmente sabemos que o dinheiro não é tudo. Conta muito outros valores como família, amizades, etc. Valores estes negligenciados pelos ambiciosos desenfreados. Outra acusação poderia lhe ser dirigida, a de que em realidade, nada desembolsará porque poderá abater a doação do Imposto de Renda (desconhecemos a legislação fiscal americana, se funciona como a brasileira neste aspecto).

A verdade é que Bill Gates, hoje aposentado da presidência da *Microsoft* e possuidor somente de 5% de suas ações, mas investidor em várias outras empresas, continua ganhando muito dinheiro e sua fortuna em 2015 passou aos 79,2 bilhões de dólares. Agnóstico e aos 61 anos de idade, é um filantropo contumaz. Possui uma fundação que distribui um bilhão de dólares anualmente para programas diversos dentro e fora dos EUA. Ao todo, já teria doado 30 bilhões de dólares para causas sociais e humanitárias.

Para nós, fica a torcida de que outros Bill Gates apareçam por aí para não termos que ficar apenas idolatrando pessoas de pouquíssimas posses que distribuem seus bens aos que nada possuem como fizeram Madre Teresa de Calcutá, Chico Xavier e outros. Deus, em sua infinita e infalível justiça, porá as ações de uns e outros na mesma balança e o resultado pode surpreender, pois o óbolo da viúva lembra-nos o valor do sacrifício e da renúncia. Contudo, não temos o direito de menosprezar sua atitude de filantropia, o que milhares de outros abastados deixam de fazer.

Aliás, ele não é o único gigante da filantropia. Warren Buffet, o investidor de faro inigualável para negócios de sucesso, não fica atrás. Estava somente duas posições atrás de Gates, com fortuna de 58,2 bilhões de dólares, doa anualmente 5% de tudo o que acumula e já firmou em testamento que, ao morrer, 83% do que tiver na ocasião será repassada à "Fundação Gates e Melinda".

E, para finalizar: quanto à dificuldade alegada para um rico ser feliz depois da morte, é bom lembrar que muito "remediado" e "pseudopobre" também podem dar com a cara na porta do céu fechada. A senha de entrada é a prática da caridade e o egoísmo, mesmo disfarçado, é um vírus eletrônico em forma de tranca que nem o *Windows* do Bill Gates remove.

A CORRUPÇÃO E A LEI DE CAUSA E EFEITO

A SOCIEDADE VIVE atualmente uma crise de valores. Discute-se do tecnológico ao econômico; do político ao social; do religioso ao ético. Particularmente neste campo, o moral, temos instalado aqui no Brasil uma crise que repercute nos demais, especialmente o político e o social. Muito já se falou sobre "o jeitinho brasileiro", onde para qualquer situação incômoda, há uma artimanha, uma esperteza para dela escapar; sobre "a lei do Gerson", onde sempre se tem que levar vantagem; sobre "o dando é que se recebe", em que a máxima franciscana foi aviltada para significar a troca inescrupulosa de favores na política brasileira.

O questionamento passa pelo terreno educacional onde o modelo de ensino vigente, principalmente o universitário, tem lançado no mercado de trabalho grande número de profissionais despreparados. Outro contingente deles, que deveria dar exemplo de caráter e respeito aos princípios básicos da profissão, comprometem o início da carreira pela incoerência e mau exemplo como foi o caso de estudantes de direito e medicina envolvidos com drogas, assunto que foi alvo de pesquisa com os alunos da USP há alguns anos.

Erro de base plantado nos primeiros degraus do ensino onde se teima confundir instrução com educação. Pena que não leem Kardec e aprenderiam que o conhecimento puro e simples deixa um vazio imenso atrás de si porque cuida somente do intelecto, porém educação é muito mais que isso, devendo, para ser completa, abarcar também o físico, o moral e o espiritual. Mas as escolas públicas massificadas e mesmo as particulares, não estão aparelhadas para oferecer esse tipo de educação. No mínimo, seria de se esperar que o grupo mais elementar da sociedade que é a família, fornecesse o suporte moral, por sua vez assentado na força da religião.

Mas a família está diferente, já não possui a mesma estrutura. Algumas boas mudanças como a mulher que adquiriu sua independência e trabalha fora do lar. Mas e a que custo? Como ficam os filhos? E a chamada dupla jornada de trabalho para aquelas que têm necessidade de contribuir, às vezes, como titulares no orçamento doméstico e não podem contar com os serviços de uma empregada doméstica, não raro, elas próprias fazendo esse trabalho?

Os hábitos e costumes sociais mudaram, veio a liberação sexual levando tantos ao abuso. As jovenzinhas iniciam-se sexualmente cada vez mais cedo e, consequência natural, na mesma cronologia, também engravidam, imaturas física e psicologicamente, crianças, elas próprias. Muitas abortam. Milhares e milhares de ambos os sexos enveredam pelos descaminhos das drogas, trazendo a reboque tantas vezes a desgraça da AIDS.

A instituição que deveria apoiar e orientar sem reprimir ou amedrontar é a religião. Caberia a ela manter incólume a expressão das leis divinas perante os homens. Mas ela também está falhando, especialmente as dominantes. Domínio no número de adeptos, mas vulneráveis, enfraquecidas em seu poder de influência pela insatisfação dentro e fora de seu seio umas; outras apenas se mantendo pelo relho do fanatismo e do interesse material. Decretada a falência moral da nossa sociedade? Nem tanto.

Jesus já alertou sobre a necessidade dos escândalos. E os espíritos superiores completam: às vezes há necessidade de se atingir o excesso do mal para que se insurja contra ele, compreenda-se que ele não interessa a ninguém, ou, pelo menos, à maioria, porque é em detrimento desta maioria que a minoria a ele se entrega. No linguajar popular, chegou-se ao fundo do poço. De tão ruim e por não se ter como descer mais, torna-se obrigatória a tentativa de subida.

Exemplos atuais desta afirmativa observamos em relação aos índices da violência urbana e a avalanche de corrupção que assola o país. Infelizmente as mudanças não são como se desejaria. Em ambos os casos, testemunhamos algo mais próximo de reações espasmódicas do que a cura propriamente dita. Ocasionalmente, diante de tanta insegurança e iniquidades, especialmente a criminalidade, instituições sociais dos mais variados segmentos unem-se e mobilizam algumas centenas de milhares de pessoas, principalmente nas grandes cidades, em movimentos pela paz. Há manifestações diversas, a mídia dá cobertura, lideranças contribuem com planos e sugestões, o governo promete verbas para conter a onda de rebeliões nos presídios e aparelhamento dos órgãos repressores.

Quanto à corrupção, quando o clamor popular derrubou um presidente da República, parecia ser o sinal da grande virada. Estão aí os fatos para nos desmentir. E, de certa forma, nos desesperançar. Num momento, um Senado conspurcado por fraudes, intrigas e muitas mentiras onde seus líderes máximos, da época e anterior, estavam envolvidos, cada um a seu modo.

E a roubalheira da SUDAM e da SUDENE? O ministro que teve que renunciar sob o peso de acusações de desvio de verbas e favorecimento ilícito a parentes e amigos? O TRT de São Paulo? E os "sanguessugas" da saúde? Membros do Executivo, Legislativo e Judiciário, respeitáveis "excelências" que, em geral, pertencem à classe econômica mais bem aquinhoada da sociedade pela posição que ocupam e cargos que exercem, mas em especial pelos salários que recebem, passando o péssimo exemplo à classe média que se arvora em direitos de imitá-los sonegando, subornando, explorando para também usufruir facilidades.

Mas isso foi há mais de uma década. Agora, os escândalos têm outros nomes e personagens. "Mensalão", "petrolão", 19 bilhões desviados na Fiscalização do Ministério da Fazenda; partidos, políticos e empresários presos ou em vias de. Ilícitos bilionários. Sucessão de denúncias e escândalos diários. Novo *impeachment* presidencial. Governo paralelo de empreiteiras. Departamentos de propinas. Delações premiadas "do fim do mundo". Políticos agarrando-se desesperados na indecência do foro privilegiado para não acabar atrás das grades. Ou o Brasil acaba com a corrupção - pelo menos diminui - ou a corrupção acaba com o Brasil.

Diante do conhecimento das experiências vividas por tantos que nos antecederam no retorno à dimensão espiritual, as perspectivas para todos estes tais e tantos outros protagonistas dos incontáveis descalabros da "Pátria do Evangelho" não são nada animadoras. A menos que a justiça terrena cobre boa parte desse ônus moral.

Crise moral profetizada por Rui Barbosa quando disse que o homem um dia sentiria vergonha de ser honesto. Crise moral originada pela chaga do egoísmo, alastrando-se como uma peste epidêmica pelo corpo social e referenciada em *O Evangelho segundo o Espiritismo* de que a perseverança dos bons seria tão duramente testada que a caridade de muitos esfriaria.

Tem remédio? Tem cura? É claro que sim. Basta termos humildade e voltarmos as atenções para a verdadeira natureza de nosso ser. Olhando para dentro e vendo-nos como espíritos imortais, temporariamente revestidos de um corpo de carne e matriculados no grande educandário da vida como aprendizes do Cristo, entenderemos que dinheiro, fama, poder, sexo, beleza física, são talentos de valor relativo cujo pouco brilho está artificialmente aumentado pelas lentes da ilusão. Ao cruzarmos a fronteira da morte teremos a nosso favor somente o conteúdo da bagagem de nossas ações firmadas no bem, no amor e na justiça. O resto, todo o entulho, terá ficado irremediavelmente perdido.

Quanto aos promotores das desigualdades e das injustiças, dos agentes ativos e passivos da corrupção, dos usurpadores do bem público e da paz alheia, dos exploradores da fé, dos aproveitadores de toda ordem, dos maus ricos e pobres revoltados, dos assassinos de coração de gelo e gênios da tirania de todos os tipos, estes, mãos vazias e consciências aferroadas pelo remorso, recomeçarão - porque a bondade de Deus não lhes negará tantas quantas oportunidades se fizerem necessárias através da reencarnação para avançarem - mas, sob o guante da dor para que resgatem seus débitos contraídos junto aos indivíduos e à coletividade e aprendam a valorizar cada coisa de maneira justa e precisa.

E a primeira lição que terão que recapitular será a ensinada há 2.000 anos e que o homem se recusa obstinadamente a assimilar: "Amar ao próximo como a si mesmo e somente fazer aos outros o que gostaria que estes lhe fizessem".

DESCUBRA ONDE MELHOR INVESTIR: VOCÊ VAI SE SURPREENDER

QUANTO TEMPO, ESFORÇO e dinheiro investimos naquilo que tem importância secundária! Quantos não correm sempre e cada vez mais atrás de dinheiro e, às vezes, depois nem tempo têm para aproveitar o que ele pode oferecer? Ainda que ganho honestamente, trabalhamos em excesso, com jornadas de 16/18 horas diárias, dois ou três empregos, muitos anos sem férias, a alta competitividade, o estresse.

Para quê? Proporcionar conforto à família - respondem alguns. Distorção das necessidades. Supervalorização dos bens materiais, do supérfluo. Quanto prejuízo por isso! Filhos que crescem sem a companhia dos pais, aos cuidados de babás incapazes de substituí-los. Depois não sabem por que os descobrimos viciados ou delinquentes como os jovens classe média que em 2010 espancaram uma empregada doméstica na Barra da

Tijuca, no Rio de Janeiro. Divórcios, depressão, doenças cardiovasculares.

Não raro o bem-estar da família é só um pretexto para satisfazer a ambição. É como nos explica *O Evangelho segundo o Espiritismo*, capítulo XVI, item 12:

> Por cúmulo da cegueira não é raro ver aquele a quem um amor imoderado da fortuna e dos gozos que ela proporciona, sujeita a um trabalho penoso, orgulhar-se de uma existência dita de sacrifício e de mérito, como se trabalhasse para os outros e não para si mesmos.

Quantos correm atrás de títulos acadêmicos ou não. São válidos se representam um meio para se atingir um patamar intelectual ou profissional mais elevado, mas inútil se um fim em si mesmo, buscado apenas para satisfação do ego, para intoxicar o coração de orgulho.

O mesmo pode ser dito em relação à fama, mais inútil ainda. Querem "aparecer" de qualquer modo, o máximo possível. E a beleza e seus padrões ditatoriais vigentes hoje na sociedade? Necessários os cuidados com a saúde do corpo. Agradável a convivência entre pessoas bem apresentáveis. Mas transformar isso numa obsessão capaz de fazer o indivíduo malhar nas academias até a extenuação ou de meninas com 13, 15 anos buscarem cirurgias plásticas é, sem dúvida, um exagero.

O poder é outra tentação grave que exige "investimento" de energia excessiva e desnecessária. Juntamente com a fama, o dinheiro e a beleza, compõe o quarteto das armadilhas mais perigosas para a queda do espírito. Mandar, controlar, dominar o máximo possível, eis o desejo obcecado de muitos. Por ele são capazes, como se diz, de vender a própria mãe.

Lembramos a lição dos benfeitores espirituais no item 9 do capítulo e obra já citados:

> Assim ocorre com o homem na sua chegada ao mundo dos espíritos. Seu lugar nele está subordinado ao que tem, mas não é com ouro que o paga. Não se lhe perguntará: quanto tínheis sobre a Terra? Que posição nela ocupáveis? Éreis príncipe ou operário? Mas se lhe perguntará: o que dela trazeis? Não se computará o valor de seus bens nem dos títulos, mas a soma de suas virtudes.

Portanto, amigos, invistamos nos valores do espírito imortal, morais e intelectuais. Juntemos os "tesouros imunes à ação da ferrugem e das traças e longe do alcance dos ladrões". Despertemos do sono letárgico e mórbido das ilusões. Dinheiro, fama, poder, beleza são bens, qualidades, talentos, classifique-se como quiser, mas todos sujeitos à transitoriedade da vida material. Ao nos transferirmos para a outra dimensão, todos nossos bens estarão armazenados no coração da alma.

capítulo VIII

SOCIEDADE

A HUMILDADE DAS RAINHAS

SE A PRIMEIRA imagem que lhe vem à mente é de um trono e muito luxo ou da rainha Elizabeth e da pompa com que os britânicos costumam cercá-la, esqueça. Os novos modelos reais hoje são ditados pela postura de figuras da nobreza como a rainha Letizia da Espanha, esposa de Felipe VI, que é fotografada de jeans rasgado, camiseta e tênis. Ou a princesa Victória da Suécia, também fotografada de tênis de *skatista* levando a filha para a escola com o marido, todos vestidos esportivamente. Outro exemplo pode ser a duquesa de Cambridge, Kate Middleton, esposa do príncipe William.

A rainha Sílvia da Suécia e mãe de Victória, nascida na Alemanha, filha de alemão e brasileira, em 1996 fundou o Lar da Sílvia que atende pacientes idosos com demência - sua mãe foi vitimada pelo Alzheimer - e também a *Childhood* para assistência de crianças que sofreram abusos sexuais.

À época de sua visita ao Brasil, em 2005, essa ONG atuava em 60 projetos de 16 Estados brasileiros e cobria 670 mil beneficiados, entre crianças, familiares e capacitação profissional. Ela atribui a modernização da monarquia sueca à atuação do marido, rei Carlos Gustavo, e por ter sido tradutora cerimonial da Olimpíada de Munique de 1976, e afirma que a vantagem de ser rainha é poder chamar a atenção para os problemas sociais importantes e a desvantagem a impossibilidade de fazer as coisas de improviso.

Até recentemente deslocava-se de bicicleta para ajudar pessoalmente no atendimento dos idosos na instituição criada por ela e disse que no início enfrentou algumas resistências para desenvolver suas tarefas. Mas entende que o assunto é uma questão humanitária e não política e confidenciou que o rei gosta de cozinhar e o lazer preferido é as refeições em família.

Como sabemos, um dos maiores entraves à evolução espiritual é o orgulho, juntamente com o egoísmo. E não falamos aqui da satisfação pessoal por uma realização difícil, pelo sucesso dos filhos ou pelo nascimento de um neto. Há muita gente que se orgulha sem motivos. São presunçosos e arrogantes contra aqueles sobre os quais possuem o mínimo grau de ascendência real ou suposta ou para com os que não os conhecem "por fora", muito menos "por dentro". São tolos, vaidosos e iludidos, sujeitos a tropeçar a qualquer momento nas próprias mentiras e castelos de areia construídos para mostrar fachadas, impressionar e amedrontar.

Outro é o grupo dos capazes de estabelecer um justo valor sobre si mesmos, reconhecendo sua condição social e econômica, física, principalmente a beleza - ou a falta dela -, e a intelectual em seus verdadeiros limites, aceitando-as como naturais sem sentir-se oprimidos por elas, embora com direito e desejo de melhorá-las. São realistas e humildes quase por imposição das circunstâncias.

No outro extremo há os que possuem orgulho por coisas que realmente são ou possuem. Beleza de modelo ou força atlética, títulos acadêmicos, prêmios e brilho intelectual, poder e fama. Esnobes, jamais pararam para refletir sobre a transitoriedade destas posses. Ainda que construam suntuosos mausoléus para receber seus despojos, não se conscientizam de que mesmo assim eles apodrecerão.

Um busto em praça pública só terá razão de ser se evocar à posteridade seus feitos reais, para o bem social. Apesar de não ser incomum faltar o próprio juízo da História, atribuindo méritos indevidos a uns e o completo esquecimento de outros tantos milhares de anônimos que realizaram muito mais. Outras vezes a força de coerção é tanta que só o tempo e a evolução dos acontecimentos são capazes de corrigir injustiças como o Vaticano com Galileu ou a derrubada das estátuas de Sadam Hussein e Stalin.

Finalmente há o grupo rarefeito dos que têm motivos para sentir orgulho e preferem a conduta moderada, de hábitos simples e até de genuína humildade. Francisco de Assis e Sidarta Gautama, o Buda, abandonaram a riqueza para se dedicar ao semelhante por ideias e exemplos. Cristo, espírito de escol no campo moral, investido de missão superior, portador de poderosos dons curadores, além do próprio exemplo, conclamava a que os homens se comportassem como as criancinhas.

Chico Xavier psicografou 412 livros que venderam de 25 a 30 milhões de exemplares e não só não se serviu de nenhum centavo da renda deles como jamais aceitou o mérito de sua elaboração. Nosso contemporâneo, temos o exemplo do empresário Antonio Ermírio de Morais, falecido em 2014, que sempre alimentou hábitos simples, sem ostentação no vestir e andava sem segurança, apesar de ser o dono de um dos maiores impérios industriais do país, além de presidir o Hospital da Beneficência Portuguesa por 37 anos. A rainha Sílvia, guardadas as devidas proporções, pode se enquadrar neste rol.

Em *O Evangelho segundo o Espiritismo* há uma comunicação espiritual assinada por "Uma Rainha de França". Então já perfeitamente consciente de sua situação no plano espiritual, ela principia a mensagem recordando palavras de Jesus:

> [...] meu reino não é deste mundo... O orgulho me perdeu sobre a Terra... O que carreguei comigo da minha realeza terrestre? Nada, absolutamente nada... rainha eu acreditava entrar no reino dos céus. Que desilusão! Que humilhação quando em lugar de ali ser recebida como soberana, vi muito acima de mim... homens que eu acreditava bem pequenos e que desprezei porque não eram de um sangue nobre... compreendi a esterilidade das honras e grandezas...

Na segunda parte de outra obra de Allan Kardec, *O Céu e o Inferno*, consta a comunicação de um espírito chamado Lisbeth que vivera na Prússia cinquenta anos antes e a certa altura esclarece:

> Fui de elevada condição social. Possuía tudo o que os homens acham que é a felicidade. Rica, fui egoísta; bela, fui vaidosa, indiferente, desleal; nobre, fui ambiciosa. Esmagava com meu prestígio... pisava os que se achassem sob meus pés... O orgulho enlaça com cadeias de bronze... essa hidra de cem cabeças... esse demônio que se oculta no coração, penetra em nossas veias, absorve-nos... só vejo sofrimento.

Mais à frente, na mesma obra, outra mensagem de uma rainha, a de Ude (antigo reino da Índia, entre o Ganges e o Himalaia). Morrera na França em 1858. Por ser recente a sua desencarnação, não dá mostras de arrependimento e seus vícios de caráter permanecem inalterados. Trechos:

> Era uma rainha e nem todos dobraram os joelhos diante de mim (em seus funerais)... Meu sangue reinará... não pode confundir-se na multidão... Eu tenho direito a elas (honrarias). Continuo a ser rainha... que me mandem escravos para me servir... parece que não se preocupam comigo aqui... Devo ter sido (em outras existências) sempre rainha... forçaram-me a vir. Pensas que eu me teria dignado a responder? O que és (dirige-se a Kardec) comparado comigo? Fica

> sabendo que se fala de outro modo às rainhas... continuo a ser bela quanto era.

E segue com sua indignação convicta que ainda merece por obrigação ser tratada com a deferência real. Aturdida, quase insana, mergulhada nas trevas construídas pelo próprio orgulho, deve ter levado ainda bom tempo neste estado até se dar conta de que para Deus sempre e diante da realidade maior, nenhuma das ilusões terrenas sobrevive. Desconhecemos as crenças da rainha Sílvia, mas independente delas, age com muito mais sabedoria.

DITADURA DA BELEZA E O EXTRAVIO DA ESSÊNCIA

PARA OS MATERIALISTAS, o homem resume-se ao conglomerado celular representado pelo corpo carnal e nada dele subsiste ao fenômeno morte. Para os espiritualistas em geral, possuímos uma alma imortal, às vezes, conforme o entender panteísta, diluindo sua identidade no espírito divino após a experiência física. Nas religiões orientais e correntes esotéricas, somos constituídos por um espírito ou alma e vários corpos, até sete ou nove. Para os espíritas, simplificadamente, o homem possui três elementos: o corpo físico, a alma e o perispírito. Revelações outras de encarnados e desencarnados parecem não deixar dúvidas de que há pelo menos mais dois corpos: o vital ou etéreo e o mental.

Em mais um dos muitos paradoxos que o comportamento do ser humano é apanhado, vê-se cada vez mais pessoas capazes de se declarar religiosas, agindo como materialistas. Referimo-nos ao endeusamento do corpo. Em 2013, no Brasil foram realizadas 1,49 milhão de cirurgias plásticas, segundo a Sociedade Internacional de Cirurgia Plástica Estética. As mais comuns foram lipoaspiração (228.000), implantes de silicone nas mamas (226.000) e para elevar os seios (140.000).

Embora os homens estejam aderindo, a imensa maioria é de mulheres, muitas delas dispostas a gastar cem mil reais para fazer intervenções em até dez regiões do corpo, algumas repetidas com o tempo. Há casos extremos em que somados às cirurgias corretivas, tem-se o uso de implantes de silicone e aplicações de botox, tudo para se "transfigurar" no próprio ídolo, seja uma atriz famosa ou uma dançarina bem dotada.

Em 2003, 15% das intervenções eram em adolescentes (entre 2008 e 2012 mais que dobrou) enquanto em adultos aumentaram 40%. O alto grau de insatisfação das adolescentes com o corpo se dá por falta ou excesso de formas, mas bem poucos casos necessitariam, do ponto de vista médico, intervenção desta natureza. Para contornar o que julgam ser o grande drama de suas vidas, muitas contam com o incentivo das próprias mães. "Tem quem troque uma plástica em vez da festa de 15 anos", afirmou um médico da área.

Mas não é só. A vaidade é enaltecida hoje como uma virtude quando deveria ser, senão combatida, ao menos controlada e vista como uma deformação de caráter. Previa-se que em 2013 o Brasil passasse a ocupar a vice-liderança mundial no consumo de cosméticos com gastos de 50 bilhões de dólares. Valerá o tempo, a preocupação e muitas vezes o endividamento no cartão de crédito só para visitar o salão de beleza semanalmente ou adquirir um creme importado?

O corpo físico constitui-se em valioso patrimônio do ser humano encarnado na Terra. É o veículo imprescindível à sua manifestação no mundo material. Sem ele, o espírito estaria impossibilitado de cumprir importantes etapas de sua evolução rumo à perfeição e à felicidade que lhe são inerentes como destinação de criaturas divinas. Somente reencarnado na Terra, de posse de um corpo carnal, é que pode expiar as faltas do pretérito, reajustando-se com seus semelhantes, perante as leis divinas e a própria consciência. Por ele, desenvolve as faculdades potenciais pelas provas e missões a que se submete.

Razão pela qual deve zelar com muita dedicação pelo seu bem-estar, evitando toda ordem de excessos que possam lhe comprometer o bom funcionamento. Vícios, ociosidade, trabalho demasiado, drogas, alimentação inadequada devem ser evitados para que a natureza siga seu curso livremente até o momento em que, tal qual uma veste desgastada, seja abandonado.

Justos, pois, os cuidados que visem a manutenção e melhoria da saúde: exercícios físicos, alimentação balanceada, higiene, medicação quando necessária, inclusive a preventiva, os esforços, enfim, para manter a aparência saudável, espelhando no corpo a alegria que se irradia da própria alma.

Entretanto, embora o respeito ao livre-arbítrio individual, propõe-se uma reflexão em torno da postura obsessiva com que o corpo passou a ser exaltado. Para quê? Até quando? Proporcionar mais felicidade? A marcha implacável do tempo fará desvanecer por completo a ilusão. Em vez da admiração à embalagem, melhor cuidar do conteúdo. O corpo não passa de uma casca, perecível, descartável. E quando tal ocorrer, o que guardará dentro?

Não seria melhor voltarmos um pouco para os antigos filósofos que nos recomendam a busca incansável das virtudes? Jesus não nos falou para ajuntarmos tesouros no céu imunes à ação dos ladrões, traças e ferrugem? Que prodígios não realiza o amor ao próximo? Valerá a pena, será lícito aplicar quantias econômicas tão vultosas para cultivar a vaidade exacerbada quando há tanta miséria, enfermidade, ignorância ao nosso lado? Estas adolescentes, tão preocupadas com a beleza artificial, que valores éticos, sociais e espirituais terão para apresentar no futuro? Estimulando-as a cirurgias desnecessárias e enaltecendo o capricho narcisista, não as estamos condenando a serem adultos inseguros, medíocres, privados de ideais e incapazes de alçar voos mais longínquos na realização de si mesmos?

Cada cabeça uma sentença. Somos livres para agir, mas da semeadura que fizermos, dos frutos teremos que nos alimentar, justa e inevitavelmente. É a lei de causa e efeito. Nesta ou na outra dimensão haverá o reencontro com a realidade, gerada por nós mesmos e transformada na paz conquistada com esforço digno ou em sombra de dor pelos equívocos a reclamar doloroso recomeço. Só depende de nós.

ALIMENTOS: A FALTA E O EXCESSO

A IGUALDADE ABSOLUTA das riquezas é possível e existiu alguma vez? Esta é a questão nº 811 de *O Livro dos Espíritos* e os instrutores responderam a Kardec:

> Não, não é possível. A diversidade das faculdades e dos caracteres se opõe a isso... a igualdade seria logo rompida pela própria força das circunstâncias...

A confirmação vem em *O Evangelho segundo o Espiritismo*, cap. XVI, item 8, quando se analisa o porquê de todos os homens não serem igualmente ricos. Razão simples:

> [...] porque não são igualmente inteligentes, ativos e laboriosos para adquirir e moderados e previdentes para conservar. [...] está matematicamente demonstrado que a fortuna, igualmente repartida,

> daria a cada qual uma parte mínima e insuficiente; que, supondo-se essa repartição feita, o equilíbrio estaria rompido em pouco tempo pela diversidade de caracteres e das aptidões...

Isto é, sempre os mais diligentes se destacam, superando os preguiçosos.

Voltando a *O Livro dos Espíritos*, na questão 806, para a pergunta "*A desigualdade das condições sociais é uma lei natural?*", a resposta é: "*Não, é obra do homem e não de Deus*". E complementam os espíritos que a desigualdade desaparecerá juntamente com a predominância do orgulho e do egoísmo.

800 MILHÕES DE PESSOAS PASSAM FOME NO MUNDO

Mesmo tendo, segundo a FAO - Organização para a Alimentação e Agricultura, da ONU, diminuído o número de pessoas que passam fome no mundo de 868 milhões em 2010-2012 para cerca de 800 milhões em 2015, esse número equivale a aproximadamente 12% da população mundial que se ressente com enfermidades e até a morte decorrente da desnutrição crônica. A que se deve isso? À falta de alimentos, excesso de gente? Não, a culpa é da má distribuição de riquezas, tendo por causas imediatas, às vezes, as condições geográficas, climáticas e culturais de povos e nações, mas que poderiam ser contornadas se, em síntese, houvesse menos egoísmo entre os homens.

Países ricos como os EUA gastam fortunas em armamentos sofisticados ou cifras literalmente astronômicas, que se conta em bilhões de dólares, em projetos aeroespaciais de resultados duvidosos. Não somos contra absolutamente a busca de desenvolvimento científico em qualquer área do conhecimento.

E reconheça-se que a situação vem mudando e o próprio governo norte-americano tem restringido bastante nos últimos anos o orçamento da sua agência espacial, deixando à iniciativa privada a responsabilidade por muitos projetos na área.

O que nós, espíritas, entendemos é que deve haver um equilíbrio entre o desenvolvimento intelectual e o moral, as duas asas do progresso espiritual. Os desperdícios dos países ricos - não só EUA e não só naqueles segmentos citados - deixam o homem sensato perplexo, especialmente quando confrontados com a miséria absoluta existente no mundo. Imagens de jornais, revistas e televisão como as da África Subsaariana, são de deixar qualquer um de nós estarrecido e envergonhado de se dizer cristão e até quem não é.

Mas e o que nós, aqui no Brasil, podemos fazer pelos raquíticos bebês etíopes agarrados aos seios murchos de suas esquálidas mães? Infelizmente, de maneira individual e prática, muito pouco. Contribuir com organizações humanitárias internacionais como a Médicos Sem Fronteiras talvez sirva para apaziguar a consciência. De resto podemos rogar a Deus, Pai de todos nós, que deles se apiede, consolando-os espiritualmente, mantendo-os com fé para que lutem até onde possível e que com seu testemunho de dor atroz despertem a sensibilidade humana para que talvez as suas gerações futuras tenham uma vida mais digna.

E a situação, se trazida para o nosso país, não muda muito. Ninguém em sã consciência, pode exigir, em nome de um quase fanatismo religioso, que toda pessoa que dispuser de algum recurso a mais, além do estritamente necessário à sua sobrevivência, saia por aí distribuindo os seus bens quixotescamente, iludindo-se que vai resolver o problema da fome.

É bem verdade que a História nos oferece grandes e sublimes exortações e exemplos neste sentido. Francisco de Assis, Buda, madre Teresa de Calcutá, irmã Dulce, Chico Xavier, além do Cristo que não tinha senão uma pedra para fazer de travesseiro, uma túnica e um par de sandálias empoeiradas e mesmo assim revolucionou o mundo.

O espiritismo fala que "fora da caridade não há salvação", o evangelho lembra-nos as aves do céu que não semeiam e os lírios do campo que não tecem nem fiam e Deus lhes dá o necessário, além de nos concitar a abrir mão do supérfluo e, se possível, de algo mais, como o óbolo da viúva, que exige renúncia e sacrifício.

Mas isto só não basta. São belos paliativos que não irão nunca solucionar problemas de tamanha magnitude, de tão gritantes diferenças socioeconômicas. E aí é que entra o papel fundamental do espiritismo - e de quem lhe dá a dinâmica - como agente transformador da sociedade, catalisando a consciência, a vontade e o trabalho de todo aquele que deseja firmemente ver e possuir a felicidade não somente para si, mas também estendida ao seu semelhante. É preciso entender e aprofundar conceitos e buscar o reescalonamento de valores.

Precisamos, acima de tudo atacar as causas e não só os efeitos. Uma vez que se abra guerra aberta ao egoísmo, à ambição desenfreada, à corrupção em todos os setores e, pelo exemplo de dignidade, não tímida e camuflada, mas ostensiva e determinada, cada um de nós estará formando um elo de uma grande corrente que aumentará cada vez mais até que estes, os bons, honestos e bondosos sejam maioria e a exploração alheia torne-se motivo de constrangimento, então erradicaremos em definitivo a miséria que envergonha o cidadão de bem.

Utopia? Não, de modo algum. É possível. Façamos da honestidade, da fraternidade e da prática do amor ao próximo, uma nova ordem social, não simples modismo como promessa de campanha ou um tipo de roupa. Os valores do espírito têm que ser aquisição permanente.

A tarefa de todos os que atuam na assistência e promoção social no Brasil, não só espíritas, mas católicos, evangélicos, pode ser imensamente amenizada se a nossa participação social atingir o objetivo de chamar à responsabilidade moral e social todas as pessoas, públicas ou não. Por exemplo, quanta campanha do quilo, distribuição de sopa nas favelas e cesta básica aos carentes poderia ser "economizada", complementando o atendimento ou direcionando os recursos para outras necessidades - educação profissional, por exemplo - se literalmente não se jogasse fora quase 15 milhões* de toneladas anuais de alimentos no Brasil? No mundo, 1,3 bilhão de toneladas ou cerca de um terço de tudo

* Embrapa, ano de 2015.

que é produzido, é desperdiçado, a um custo de 940 bilhões de dólares**.

E por que o problema não é resolvido a contento? Porque envolve várias pessoas, etapas de produção, transporte, industrialização e consumo e quase sempre há ignorância e negligência. Mas façamos a nossa parte. Há exemplos positivos como donos de restaurantes, empresários, programas de reciclagem de alimentos, etc.

Temos que levantar a nossa voz contra as injustiças, cobrar responsabilidades dos poderes públicos, mas principalmente fazer a nossa parte. E a doutrina espírita, no seu magnífico conjunto de conhecimentos, é o guia mais seguro, o caminho, não único, mas o mais curto e rápido para se atingir as finalidades de igualdade social o que, como vimos na introdução, não implica em igualdade de riquezas, mas de direitos e oportunidades.

Precisamos conhecer as provas da riqueza como também as da pobreza. Se esta, muitas vezes, é uma punição pelo abuso daquela em vidas pretéritas ou prova escolhida a fim de acelerar o nosso crescimento, estimulando a humildade, paciência, coragem, perseverança, isto é irrelevante. Um dever impõe-se acima de tudo isso, o da caridade para com nossos irmãos: "fazei aos outros o que gostaríeis que vos fizessem", disse Jesus.

Paradoxalmente, enquanto milhões morrem de fome, muitos há que morrem por comer demais. No Brasil, segundo o Ministério da Saúde, em 2014, mais da metade (52,5%) das pessoas acima de 18 anos - cerca de 70 mi-

---

** FAO, 2015

lhões - estava com sobrepeso e 17,9% estavam obesos (25 milhões). Nos EUA 35,7% dos adultos são obesos.

O corpo físico é o veículo utilizado pelo espírito para obter determinadas experiências que só a condição de encarnado na Terra pode lhe proporcionar. Não se pode negligenciar os cuidados que merece para se manter o bom funcionamento de seus órgãos pelo máximo de tempo possível.

Toda vez que o agredimos com drogas de todo tipo ou excessos na alimentação, submetemo-lo à fadiga desnecessária ou descuramos de exercitá-lo convenientemente, estamos dilapidando um dos mais preciosos patrimônios que Deus nos coloca às mãos.

Agredindo-o e sobrevindo as enfermidades e até a desencarnação precoce, cometemos o suicídio indireto com lesões que transporão o túmulo, instaladas no perispírito. Ao chegarmos "no lado de lá", como na parábola dos talentos, seremos perguntados: "o que fizestes do corpo sadio que te dei?".

SOBRE GAFANHOTOS, ANDORINHAS, FORMIGAS E PESSOAS

AQUI A PREOCUPAÇÃO com os problemas com o meio ambiente estão mais no sentido figurado, representando, na verdade, a sociedade. Na condição de criaturas de Deus e espíritos imortais, todos temos talentos e capacidades para desenvolver. Cada individualidade, de posse de seu patrimônio espiritual, ao reencarnar, afigura-se como uma semente que já possui em si todas as características futuras do ser adulto, física, intelectual, emocional e moralmente.

Naturalmente sujeitos à lei de evolução espiritual, somos submetidos durante a existência a processos e mecanismos que provocam "mutações" de comportamento. Ao interagir com as outras pessoas, com o meio social e no encontro do próprio eu através do autodescobrimento e do esforço de errar menos e acertar mais para sofrer menos e gozar de mais felicidade, paulatinamente, avançaremos em conquistas de virtudes e conhecimento.

Seguindo a analogia, a semente nos remete ao reino vegetal e confrontando-nos com o espelho da própria consciência, podemos perguntar que tipo de árvore estamos sendo nesta encarnação. Produz ela bons ou maus frutos? Ou não passamos de uma figueira seca conforme a parábola de Jesus?

Temos oferecido a sombra da bondade e da tolerância para o descanso do viajante ou a aridez de galhos desnudos? Contribuímos com o verde para melhorar a qualidade do ar que respiramos, doando oxigênio ou só sugamos e devolvemos o gás carbônico? Usufruímos dos nutrientes do solo, mas sabemos conservar, reciclar e retribuir à Natureza ou retiramos avidamente tudo o que o planeta dispõe e só devolvemos o lixo?

No aspecto social, aproveitamos bem as oportunidades de progresso pessoal, utilizando-nos dos recursos tecnológicos, da proteção das leis, dos serviços públicos, das facilidades proporcionadas pelo trabalho voluntário, do interesse das religiões de melhorar o homem ou vandalizamos o lugar onde moramos, agredimos nossos semelhantes, exigimos sem limites, descumprimos com os deveres cívicos?

Se no reino animal, mas dos irracionais, vejamos onde nos situamos. Podemos escolher o lado da andorinha, das abelhas e formigas, por exemplo, ou o dos gafanhotos. Estes últimos, descontados os méritos eventuais na cadeia alimentar, é uma espécie de vilão de alto poder destrutivo. São capazes de devastar plantações inteiras em questão de poucos minutos. Verdadeiras nuvens desses insetos dizimam fazendas de soja, trigo, arroz e outras culturas, provocando miséria e fome.

Já às andorinhas é reservado um papel mais bonito e até poético. Nós as temos presentes na fábula onde um único indivíduo da espécie tenta persistentemente apagar um incêndio na floresta. Voava até um lago, de lá transportando a pequena quantidade de água que cabia no bico e retornava para o local das chamas.

É, sem dúvida, um belo exemplo de superação e de como, muitas vezes, podemos nos distinguir da mediocridade, contrariar expectativas negativas, demonstrar arrojo e força de vontade por uma boa causa. Podemos fazer a nossa parte sem nos importar com a indiferença e omissão alheias.

Porém, também é verdadeiro o ditado popular de que uma andorinha só não faz verão. E nem apaga incêndios! O tempo de hoje se faz menos de heróis e mártires e mais de solidariedade e trabalho coletivo. Por isso talvez devamos preferir as formigas e abelhas, as últimas mais simpáticas e amigas do homem pelo mel que produzem.

Mas umas e outras personificam perfeitamente a convivência ideal entre os humanos. Extremamente organizadas, com papéis bem definidos pela necessidade, hierarquia e capacidade, unidas em torno de objetivos comuns, incansáveis, disciplinadas.

Se o mundo não está bom, ele só se tornará melhor se você ajudar a construí-lo assim. Se há violência demais, seja pacífico, não revide as ofensas, entenda que o outro é uma alma enferma. Há muita gente corrupta? Aja com honestidade sempre, mesmo que esteja longe das vistas alheias. As pessoas são muito egoístas? Arrogantes? Fúteis? Ambiciosas? Pois faça tudo ao contrário.

Você tem que ser diferente. Tem que exemplificar. Não importa os outros. Faça o seu trabalho de formiguinha. Talvez você não se dê conta, mas há milhares, milhões de outras que estão fazendo o mesmo que você: tentando ser boas, melhores. Elas também sonham em encontrar outros que pensem e ajam de igual modo.

Estão por aí, prontas para, humilde e obstinadamente, somar, envolvidas no desejo de ver um mundo melhor para elas próprias no presente, para os filhos e netos e, fechando o círculo, até para si mesmas novamente. Sim, porque um dia elas se transformarão, recolhendo-se através do fenômeno da morte biológica, à condição de semente novamente.

Mas nada do que fizeram ou obtiveram de valores da alma estará perdido. Permanecerão em estado latente para eclodir numa reencarnação futura e aquele mundo no qual você contribuiu para ser mais justo e menos violento, com mais paz e amor, esse mundo renovado, estará esperando por você mais uma vez. E não importará que nome você usará, qual a cor de sua pele, sua crença ou o local de nascimento. Ainda assim, será você novamente. Outro personagem, mas o mesmo ator.

A VISÃO ESPÍRITA DA VIOLÊNCIA

A ONDA DE violência que assola o país tem merecido debates e análises diversas. O grau de insegurança aumenta com a exploração da mídia que, se de um lado desempenha o seu papel jornalístico, de denúncia e alerta ao cidadão comum, por outro, incrementa o pânico ao buscar o aumento de audiência à custa de tragédias pessoais. Causou comoção nacional os casos do menino João Hélio, arrastado até a morte pelo automóvel dos sequestradores e da menina Isabella, jogada da janela do apartamento supostamente pelo pai e a madrasta.

Das causas mais comuns listadas pelos especialistas - autoridades policiais, juízes, políticos, sociólogos - temos: pobreza e desigualdades sociais, corrupção na polícia causada por impunidade, falta de verbas e recursos tecnológicos no trabalho repressivo, descompassos metodológicos e burocráticos entre as atuações da polícia civil e militar e dentro do próprio judiciário, leis excessivamente brandas ou mal aplicadas.

Entrevistado em fevereiro de 2009 por uma revista de grande circulação nacional, o sociólogo americano John Laub vai mais longe e, sem subestimar os fatores citados, afirma, por exemplo, que muitos abandonam a criminalidade motivados por uma ligação afetiva, o casamento ou pela identificação com o trabalho. Relaciona ainda a educação e a religião. Em sua opinião, o casamento é o mais forte de todos os fatores enquanto as pesquisas no terreno da influência da religião não seriam conclusivas. Diz:

> À primeira vista as pessoas religiosas são menos propensas ao crime, mas como as crianças ligadas à religião são as mesmas que têm uma relação mais próxima com a família, já não se sabe qual dos dois fatores é o determinante.

O raciocínio está correto. Na verdade, o papel religioso, se considerarmos somente a atuação das religiões tradicionais ocidentais, é secundário e consequente à boa estruturação familiar. Em geral, um bom ambiente familiar é criado em parte pela prática religiosa e esta ajuda a disciplinar a vida das pessoas porque é ministrada em lares de boa formação. É um ciclo virtuoso. Sozinha, isto é, fora do lar ou em condições econômicas miseráveis ou ambiente de contato com os vícios, nos moldes como ela, a religião, é ensinada e vivenciada, raramente logra êxito.

Diferente caso se analisarmos o valor de um conjunto de conhecimentos de ordem filosófico-moral, com respaldo científico como o espiritismo. Uma vez que o indivíduo fosse informado adequadamente a respeito, principalmente, da reencarnação e da lei de causa e efeito - Deus e a sobrevivência da alma, embora mal explicadas, são princípios comuns a todas as religiões - certamente se preocuparia mais com o seu futuro. Longe a ingenuidade de crer que ser espírita resolveria todos os problemas. É claro que a violência é o reflexo de uma situação conjuntural. A questão é que no Brasil até bandido acredita e pede ajuda a Deus.

Resumindo as respostas das questões 629 e 630 de *O Livro dos Espíritos*, vemos que moral é a regra da boa conduta com distinção entre o bem e o mal e tal é possível, pois que o bem é tudo o que está de acordo com a lei de Deus e o mal tudo o que dela se afasta. O bem e o mal, conforme a questão 636, sempre o são, mas há diferença quanto ao grau de responsabilidade que é proporcional ao conhecimento. Na questão 644, Kardec indaga se o meio em que certos homens vivem não é o motivo principal de muitos de seus vícios e crimes. Sim - respondem os benfeitores - mas tal é a consequência de uma prova escolhida pelo próprio espírito antes de reencarnar; desejou expor-se à tentação para ter o mérito da resistência. Há arrastamento, mas não irresistível.

A questão 784 trata da perversidade humana intensa que, já à época, poderia afigurar-se como um recuo moral, mas ao que os espíritos reclamam atenção para uma visão de conjunto. O progresso se dá pela melhor compreensão do que é o mal e pela correção de seus abusos. *"É preciso que haja excesso do mal para fazer-lhe compreender a necessidade do bem e das reformas"*. Sábias palavras!

Parece-nos que é onde estamos no caso da violência. Há necessidade de uma mobilização geral da sociedade em prol da paz porque a "guerra", como a escuridão que só existe pela falta de luz, também se estabelece pela ausência daquela. Então a violência deve ser combatida de diversas formas, coercitiva e preventivamente, pelas autoridades e pelo cidadão comum, pela eliminação dos fatores citados e mais presentes nos discursos dos especialistas, mas principalmente banida dos corações dos homens.

Recordando a questão 785 de *OLE*, antes citada: o orgulho e o egoísmo são os maiores obstáculos ao progresso e, sem dúvida, que o medo, a aflição, as agressões, sequestros, estupros e homicídios são indícios de atraso moral e distanciamento da felicidade humana. E enfatizamos nosso comentário a propósito. Particularmente diríamos que talvez mal maior que o egoísmo e o orgulho, seja a ignorância espiritual, fruto da falta da educação no sentido amplo. Assim, retornamos ao ponto de que os princípios espíritas bem conhecidos e assimilados por um grande número de indivíduos, estabelecendo, se ou quando possível, larga maioria e desencadeando um processo de conscientização sobre o nosso ser, estar e agir no mundo, traduzido na prática diária, por si só, transformariam a sociedade para melhor e resolveriam satisfatoriamente este como tantos outros problemas que nos afligem.

Somos egoístas e orgulhosos, tolos e arrogantes, corruptos e cruéis porque simplesmente ignoramos de fato quem somos, de onde viemos, por que estamos aqui e para onde iremos.

Ignorância, esta é a causa de tudo, a falta de espiritualização do homem. O resto, miséria, crueldade, egoísmo, injustiças, leis imperfeitas, fanatismo, desagregação familiar, ódios, corrupção e tudo o mais, não passam de efeitos, mediatos ou imediatos.

OS *SERIAL KILLERS*: DOENÇAS ANÍMICAS OU OBSESSÕES ESPIRITUAIS?

TRATAMOS DESTE ASSUNTO em nossa obra anterior *Destino: determinismo ou livre-arbítrio?*, mas julgamos importante retomá-lo aqui, com uma breve recapitulação de casos e acréscimo de outros, além de estender a análise para englobar a esquizofrenia, distúrbio mental que afeta 5% da população, algo como seis a sete milhões de adultos no Brasil.

Diferentemente dos EUA onde tais fatos se repetem com frequência, no Brasil apenas vez por outra surgem os casos denominados de *serial killers* ou assassinos seriais. Em 2004, um presidiário foragido e recapturado no Rio Grande do Sul confessou a morte de 12 meninos entre oito e doze anos. Depois o mecânico maranhense acusado da morte de 41 meninos a partir de 1991. Em novembro de 2011 houve a chacina de 12 adolescentes numa escola do Rio de Janeiro.

Em outubro de 2014, um terrorista canadense, simpático ao grupo Estado Islâmico que pretende instalar um califado em áreas da Síria e Iraque, invadiu o Parlamento em Otawa ferindo várias pessoas. Um amigo dele informou que o agressor se dizia perseguido por demônios. Ainda aquele ano foi preso em Goiás um vigilante que assumiu a morte de 39 pessoas em menos de quatro anos. Ele se dizia arrependido, mas o desejo de matar "era uma força maior que ele".

Sociólogos, juristas, psicólogos e psiquiatras buscam respostas satisfatórias para as motivações desses criminosos. Em depoimento, o protagonista do primeiro caso acima disse que "sentia vontade interna, um vício"; já o segundo ouvia vozes ordenando para matar e depois era tomado por uma "força exterior" e "na hora não sentia nada, ficava neutro". Relatos muito parecidos com os da maioria desse tipo de assassino.

Apesar das aparências não dá para relacionar o surgimento de assassinos seriais ao sexo, ideia esta explorada pela literatura e pelo cinema, repletos de enredos onde traumas sexuais vivenciados na infância, acabam por gerar distúrbios psíquicos graves, mentes psicóticas autoras de barbáries de tal natureza. Desde Freud também não faltam teses acadêmicas conduzindo para idênticas soluções.

No caso do Rio de Janeiro relatado acima, parece haver não um, mas vários fatores que teriam contribuído para o distúrbio mental do assassino. Introvertimento nato e rejeição social ostensiva, constituição familiar insatisfatória e perda da única referência, afinidade com temas de violência, interpretação pessoal distorcida de princípios religiosos, etc.

Chama a atenção, e sem desmerecer os diagnósticos dos especialistas, as declarações de alguns desses acusados sobre vozes, impulsos ora exteriores, ora interiores, o que pode ser indício daquilo que na terminologia espírita denomina-se de obsessões. Mas não são apenas os *serial killers* que fazem menção a fatores coercitivos exógenos, independentes de sua vontade, que os arrastam irresistivelmente à prática dos crimes. Mesmo descontando a esperteza dos acusados e dos próprios advogados que muitas vezes tentam confundir as autoridades, alegando insanidade, o fato é que muitos homicidas atribuem seus atos a agentes misteriosos, nomeando-os de Satanás ou Diabo, simbologia utilizada para expressar seres maléficos.

Na nossa concepção, a maioria, senão a totalidade destes casos tem a ver com as obsessões espirituais. Se alguns sintomas das chamadas doenças mentais, fossem melhor estudados, encontraríamos vários compatíveis com os provocados por maus espíritos (atitudes excêntricas, agressividade, obsessivos-compulsivos, homicídios, suicídios).

Obviamente, o espiritismo não é ingênuo a ponto de ignorar a existência de patologias oriundas do sistema nervoso, no cérebro, causadas por malformações, lesões por acidentes, AVC. Mas, quando há descompassos dos neurotransmissores (serotonina, dopamina, endorfina), entendemos que as causas espirituais estão muito presentes porque tal já é consequência do desequilíbrio da alma e seu perispírito ou causado por uma perturbação energética exógena, isto é, por mentes desencarnadas.

Experimentemos um paralelo com os transtornos obsessivos-compulsivos, mal que no Brasil afeta sete milhões de pessoas. As vítimas são assediadas por "pensamentos intrusos" ou ideias recorrentes que causam medo e angústia e para evitá-los, como mecanismo de fuga, desenvolvem comportamentos repetitivos.

A obsessão, aqui no conceito médico, estaria caracterizada nos pensamentos e a compulsão nas atitudes e ações. Frequentemente a doença leva à depressão, ao alcoolismo e às fobias, causando enormes prejuízos à vida das pessoas. Áreas cerebrais foram apontadas como sua sede e, finalmente, a medicina admite-se incapaz para eliminar o problema ao reconhecer a impossibilidade de cura. Antidepressivos e psicoterapia podem atenuar os sintomas em até 80%.

Outro paralelo pode ser feito com a esquizofrenia. Vejamos o seguinte caso. Em fevereiro de 2014 um cineasta brasileiro de reconhecimento público foi assassinado pelo filho. Tempos depois este foi diagnosticado como esquizofrênico paranoide e não duvidamos do diagnóstico. A doença apresenta vários sintomas onde se destacam as alucinações e "ouvir vozes" parece ser uma das mais comuns e este rapaz não era exceção, além de se sentir perseguido.

Ele disse que ouvia essas vozes ordenando o suicídio e que tinha a certeza de ser a encarnação do demônio e que essa condição provocava inveja e rancor "das vozes". Em outro depoimento disse que no dia do evento acordou em 'pânico' e decidido a cometer o suicídio e estando com a cabeça raspada viu desenhado nela várias vezes o número 666, símbolo da besta, o que reforçou sua convicção sobre a presença da entidade maligna. Disse, ainda, que após ferir a mãe e sucumbir o pai, viu fracassar a tentativa do suicídio e sentiu-se traído pelas vozes com quem mantinha "uma intensa comunicação mental".

Chamo a atenção sobre o fato de que na esquizofrenia constata-se a presença do neurotransmissor dopamina em quantidade inferior ao normal no lobo frontal e superior ao normal no lobo temporal, razão dos delírios e alucinações. Há, também, um forte componente genético.

O espírito André Luiz estabelece relação entre a esquizofrenia, as psicoses, as obsessões compulsivas e a glândula pineal e sua produção de melatonina. No livro *No mundo maior* ele descreve a esquizofrenia de Fabrício por conta de um crime praticado na vida atual, embora o mais comum é ter origem em vidas passadas.

Resumindo: não queremos generalizar, mas é quase certo que por detrás de doenças mentais graves como a esquizofrenia, as psicoses ou os transtornos obsessivos-compulsivos, a chave está nas profundezas da própria alma do indivíduo como reflexo de graves comprometimentos morais em vidas anteriores ou provocados por espíritos desencarnados vingadores e cruéis.

Nosso mundo mental está em permanente intercâmbio com os que já se despiram do corpo carnal pelo fenômeno da morte biológica. A interação social com os desencarnados é tão ou mais intensa do que entre os encarnados, embora quase sempre despercebida. Regida pela lei de afinidades e sintonia, atraímos ao nosso convívio mental almas que vibram em idêntica frequência em face do cultivo de ideias e sentimentos similares.

Como nosso planeta está ainda muito atrasado moralmente, é natural que prevaleçam os "encontros casuais" com entidades inferiores, num momento de raiva passageira, por exemplo. Mas os maus hábitos prolongados, as paixões desequilibradas, os vícios, tornam estes espíritos hóspedes permanentes da nossa psicosfera que se comprazem em nos causar desconfortos físicos e espirituais dos mais variados. Às vezes, são seres vingadores, inimigos do passado, que perseguem vítimas na atual encarnação. Talvez seja o caso do mecânico maranhense, tido como pessoa afável, risonha e aparentemente inofensiva.

Vozes, impulsos ora exteriores, ora interiores são indícios da indução de espíritos. Mas não podemos lhes transferir responsabilidades. São comparsas, cúmplices; têm seu grau de responsabilidade, mas o encarnado não é seu instrumento passivo, ao menos, até que se permita atingir um determinado estágio de dominação, a partir do qual, não consegue mais sozinho opor qualquer resistência.

O encarnado é também um doente, assim classificado pela psiquiatria ou não, uma alma doente. A expiação no mundo espiritual ou aqui, nesta e futuras reencarnações, dependerá de quanto ele permitiu, consentiu, aceitou as 'tentações', acalentou no íntimo; de quanto já possuía potencialmente na forma de intenções ou tendências, agravantes ou atenuantes, uso de drogas e álcool, não só em homicídios, seriais ou únicos, mas demais atos violentos. Por outro lado, há alguns atenuantes como os traumas sexuais e a rejeição familiar.

No dia em que, no trato das problemáticas humanas íntimas, for levado em conta o caráter espiritual ali existente, a medicina se habilitará a fazer pelo seu bem-estar muito mais do que tem conseguido até agora. Milhares de indivíduos são auxiliados pela fluidoterapia e pelas atividades desobsessivas via atendimento mediúnico. Muitos pacientes psiquiátricos recebem tratamento espiritual paralelo ao tradicional, evitando internações ou antecipando a alta. Também efetua a profilaxia preventiva de um número incalculável de outros comportamentos antissociais, ameniza sofrimentos, equilibra mentes, contribui na manutenção da estrutura familiar.

A violência pode ser diminuída. Basta à ciência oficial ousar e romper paradigmas, entre eles tratar o homem como um espírito imortal temporariamente encarnado num corpo físico e não um corpo carnal governado por uma mente abstrata e quase desconhecida, produto de secreções cerebrais.

capítulo IX

DESTINO

QUESTÕES DO DESTINO E DA MORTE

CONFESSO QUE UM dos assuntos que mais me fascina ao estudar o aspecto filosófico da doutrina espírita é a questão do destino dos seres humanos. Basta citar que dediquei um livro inteiro - publicado por esta mesma editora - só para tratar do tema *Destino: determinismo ou livre-arbítrio?*.

Os flagelos naturais como terremotos, inundações, furacões, *tsunamis* e seus muitos milhares de vítimas. Da mesma forma as tragédias provocadas pelo próprio homem, direta ou indiretamente como as guerras, o terrorismo, soterramentos (deslizamentos de encostas), quedas de aviões, naufrágios, incêndios, desabamentos de edifícios ou pontes. Isso tudo atingindo larga escala de vítimas. Mas também os fatos de âmbito individual ou envolvendo poucas pessoas: acidentes rodoviários, ferroviários e de pequenas ou médias embarcações, as balas perdidas, homicídios, etc.

Note-se que nunca esses fatos de maior impacto apresentam-se iguais, uma queda de avião, por exemplo. Variam as causas, circunstâncias, consequências e as diversas particularidades, detalhes pessoais. Por mais dolorosos que sejam, representam rico manancial de análises para os estudiosos espíritas.

Faço aqui um pequeno resumo, especialmente do capítulo terceiro da obra citada, recapitulando, também, exemplos do capítulo quarto e acrescentando alguns novos exemplos de ocorrências que causaram comoção no país e no mundo.

Por definição, fatalismo é a doutrina segundo a qual todos os acontecimentos estão previamente fixados sem que a vontade ou a inteligência possam lhes alterar o curso. O conceito filosófico seguinte mais próximo encontramos no determinismo pelo qual haveria uma rigorosa relação de causa e efeito entre os fenômenos diversos. Mais à frente viria o chamado acaso, entendido como um conjunto de pequenas causas, independentes entre si, que se prendem a leis ignoradas ou mal conhecidas e que determinam uma ocorrência qualquer. Finalmente chegamos ao destino que seria a sucessão de fatos que podem ou não ocorrer, constitutivos da vida do homem e considerados como resultantes de causas independentes de sua vontade.

Percebe-se na ordenação dos conceitos acima um deslocamento gradual no sentido de ver a vida humana com um grau decrescente de inflexibilidade, mas não de arbitrariedade. No acaso, abre-se até uma brecha para possibilidades outras contidas nas "leis ignoradas ou mal conhecidas" enquanto no destino os componentes de determinismo e fatalismo diminuem, porém, sempre obedecendo a razões que independem da vontade humana.

A questão envolvendo estes conceitos e o livre-arbítrio é antiquíssima e das mais fascinantes. A todo momento deparamos com situações individuais e coletivas que colocam o ser humano em perplexidade, desafiando-o a decifrar o enigma do seu próprio existir. Afinal, por que tudo acontece? As guerras, por exemplo, são obra de Deus ou dos homens? Suas, às vezes, milhões de vítimas, na maioria crianças, mulheres, idosos, são mesmo inocentes? Por que a Providência permite? O que acontece com suas almas?

Antes de avançarmos, rápida resposta. Segundo a filosofia espírita, as guerras advêm da predominância da natureza animal sobre a espiritual. Desaparecerão quando os homens compreenderem a justiça e praticarem as leis de Deus. Servem à liberdade e ao progresso e seus fomentadores necessitarão de muitas existências para expiar pelos homicídios de que foram causa por ambição.

Quanto à suposta inocência de vítimas, vale o mesmo que no caso das catástrofes naturais com as chamadas expiações coletivas. A aceitação da reencarnação como lei natural de justiça e progresso permite-nos entender que nada ocorre por acaso e à revelia de Deus, embora nem sempre seja por sua vontade. Deixando aos homens a liberdade de escolha de seus atos, consente que estes mergulhem na experiência pelos erros e acertos, recolhendo resultados compatíveis com as ações. Tribulações de grande vulto aos olhos humanos representam pequenos abalos passageiros perante a eternidade divina, forçando-se ao retorno do equilíbrio momentaneamente comprometido.

Em princípio, as vítimas de hoje podem ter sido os algozes de ontem, resgatando dívidas e reajustando-se com a harmonia universal. Mesmo considerando a possibilidade de alguns indivíduos serem apanhados indevidamente tanto por um furacão, guerra, queda de avião ou bala perdida, informam-nos os espíritos superiores, que receberão no futuro ampla compensação por este sofrimento tido então como uma prova e não expiação. Até porque a vida material do homem, tanto para Deus como para os que já tenham avançado a certo nível de compreensão, não se reveste da importância que costumamos atribuir. No fundo, poucos de nós estão aptos a dimensionar a vida e a morte.

Superestimamos a primeira por temer a segunda. A crença numa possível vida após o decesso do corpo carnal, para a maioria ainda é vaga. O mundo dos espíritos apresenta-se abstrato e sombrio. Culpa em parte da nossa despreocupação e preguiça que faz dar atenção só ao material e ao presente. Mas também ao volume de informações distorcidas que nos são incutidas por religiões e outras correntes de pensamento que mais confundem e atemorizam do que esclarecem.

Nas grandes tragédias, naturais ou decorrentes das ações humanas, são comuns as "coincidências". Pessoas acidentadas sendo transportadas por ambulância que se envolve, por sua vez, em outro acidente e a pessoa não sobrevive. Outra tem medo de água, evita quanto pode entrar no mar e morre afogada numa enchente. Ironias do destino, peças e trapaças contra as quais nada pode se opor. Allan Kardec questionou sobre a fatalidade e os benfeitores esclareceram: "*Podem ser provas escolhidas por elas mesmas...*"

Por isso, há também as situações inversas. Pessoas que têm um contratempo e perdem o voo que termina em acidente; esta é salva da morte porque o projétil sofreu o anteparo de uma moeda, uma caneta; aquela, por uma simples cefaleia deixa de acompanhar amigos a um passeio de barco que naufraga.

A fatalidade nada mais é do que as escolhas que se faz antes de reencarnar, traçando "uma espécie de destino". Mas somente os fatos importantes da vida são previamente fixados e mesmo estes podem ser alterados, adiados e até cancelados. Admite-se que certas ocorrências de natureza material apresentem características determinísticas, mas nunca as de natureza moral. Ninguém renasce com a missão de assassinar, estuprar, roubar. Poderá apresentar tendências, ter escolhido um ambiente ou circunstâncias em que estará mais exposto às tentações para tais atos, mas a decisão final será sempre sua, segundo a própria consciência.

O homem sem livre-arbítrio seria uma máquina e não poderia ser responsabilizado pelos seus atos diante das leis humanas ou divinas. Mas é relativo ao grau de desenvolvimento intelecto-moral já alcançado.

AS ESCOLHAS POSSÍVEIS E O DETERMINISMO

FALAMOS MUITO EM livre-arbítrio. As plantas possuem apenas sensações, embora estudos apontem comportamentos especiais que poderiam ser classificados como instintivos - o crescimento ou direcionamento do tronco, ramos e folhas, por exemplo, em direção da maior luminosidade para facilitar a fotossíntese, como nas samambaias.

Os animais têm as sensações também, além do instinto e, algumas espécies superiores como cavalos, golfinhos, elefantes, cães e gatos, já apresentam rudimentos de inteligência, por consequência estão em transição para a razão porque tudo evolui, espiritualmente, inclusive.

Mas o ser humano é o único que possui um desenvolvimento completo da razão. Essa capacidade de raciocinar permite-lhe tomar decisões e fazer escolhas. A isso denominamos de livre-arbítrio.

Mas esta faculdade, especialmente no espírito encarnado, não é absoluta. Muito pelo contrário, é bastante relativa. Não temos a liberdade de agir ao bel-prazer, fazer tudo o que gostaríamos, deixar de fazer outras ou impedir certos acontecimentos que nos são impostos de maneira mais ou menos fatal, segundo o termo utilizado por Kardec. O livre-arbítrio possui elasticidade proporcional ao grau de desenvolvimento moral e intelectual do espírito. Quanto mais evoluído for, mais refinado o seu discernimento, mais sensível sua consciência, tanto maior o grau de autonomia de que disporá para planejar sua vida, criando o próprio destino.

Às limitações à ação humana da vontade os filósofos denominam de determinismo. No homem primitivo, moral e intelectualmente, o determinismo predomina quase que inteiramente. Já no espírito muito evoluído prevalece o livre-arbítrio ou autodeterminação da vontade. Nós, espíritos medianos, também nisto estamos a meio caminho ao desfrutarmos de um grau de autonomia volitiva, sujeitos, porém, a certas leis maiores, as divinas, e também àquelas expressas pelas forças da natureza. Mas há ainda um terceiro tipo de tolhimento à nossa liberdade individual representada pelo livre-arbítrio de terceiros como veremos mais abaixo.

Em resumo: em nossas vidas, o determinismo e o livre-arbítrio coexistem simultaneamente. A reencarnação, por exemplo, é uma lei divina e ninguém pode dela se abstrair. Da mesma forma a morte é inevitável. Outra situação é em relação à lei de progresso à qual todos nós estamos submetidos. Deus criou-nos com a destinação final de nos tornarmos seres perfeitos – relativamente, visto que a perfeição absoluta só é encontrada no próprio Deus.

Criados por Ele em momentos distintos, mas sem privilégios ou discriminações, todos chegaremos ao mesmo ponto final, embora não ao mesmo tempo porque além do momento diverso na origem, este objetivo depende fundamentalmente dos esforços que empregamos na tarefa.

Não poder voar e ter que viver preso ao solo é outro tipo de determinismo regido pelas leis da física. Assim como as demais necessidades fisiológicas são impostas ao homem de forma inelutável pelas leis biológicas. Contudo, o livre-arbítrio manifesta-se mesmo aí. No caso do corpo, podemos exercer o controle parcial sobre aquelas necessidades como a fome, o sono, o sexo, a excreção, criando hábitos e disciplinas.

Também podemos atuar na prevenção e tratamento das doenças. Hoje possuímos os recursos dos transplantes e cirurgias plásticas reparadoras interferindo e corrigindo anomalias e disfunções e contamos com toda a formidável tecnologia da engenharia genética justamente se contrapondo ao determinismo da natureza.

No caso da incapacidade de alçar voo, o homem dribla criando máquinas diversas, desde uma asa delta a espaçonaves capazes de substituir a carência de membros alados próprios. Ou seja, é o uso da inteligência para tentar atenuar e até neutralizar completamente o determinismo.

Na questão 851 de *O Livro dos Espíritos* encontramos a seguinte explicação. Ao serem perguntados por Kardec a respeito da fatalidade no sentido de predeterminação de todos os acontecimentos da vida humana, os espíritos superiores responderam:

> A fatalidade não existe senão pela escolha que fez o espírito, ao se encarnar, de suportar tal ou tal prova. Escolhendo, ele faz uma espécie de destino que é a consequência da posição em que se encontra. Falo das provas físicas, porque para o que é prova moral, o espírito, conservando o seu livre-arbítrio sobre o bem e o mal, é sempre senhor de ceder ou resistir.

Portanto, nosso destino é fruto de escolhas anteriores (exercício do livre-arbítrio teórico formalizado por ideias e intenções) mais a dinâmica da lei de causa e efeito (livre-arbítrio prático consubstanciado agora em atos realizados, mesmo que seja uma prece ou um pensamento negativo dirigido a alguém), e não pode ser considerado nem determinismo nem fatalidade, mas claramente resultante do livre-arbítrio.

Isso vale para indivíduos e coletividades, desde pequenos agrupamentos sociais como a família, até povos e nações e a própria Humanidade como um todo. Mas o livre-arbítrio inicial gera determinismo futuro e, grande parte deste a que somos submetidos, vem de fora: planetário – tomem-se as preocupações ecológicas atuais –, o social, o econômico, cultural e político.

Às vezes, escolhemos, conscientemente ou não – isso antes de reencarnar –, o país, a cidade em que viveremos. Talvez sejamos atraídos ou instigados a aceitar determinado bairro e a moradia naquela rua em especial porque ali conheceremos tal vizinho, um amigo, talvez o futuro cônjuge ou lá nos aguarda uma experiência diferenciada.

Mas uma vez ali, considerando a complexidade crescente da casa em relação ao país, a dificuldade de mudar as coisas ou "o destino" torna-se cada vez maior. Será que já pensamos o quanto do nosso destino é influenciado pelos governantes? É o tal do livre-arbítrio de terceiros que, mais forte que o nosso, nos é imposto e altera substancialmente nossas condições gerais de vida: material, social, cultural, econômica e até religiosa.

Portanto, o destino é construído por nós mesmos, dentro de um círculo menor do livre-arbítrio inserido dentro de outro mais amplo que é o determinismo divino. Além do componente da vontade que se expressa no presente e no planejamento reencarnatório, estamos submetidos também às expressões da lei de causa e efeito que podem se tornar inexoráveis no presente.

A sementeira é livre (nossas escolhas em algum momento do passado ou do presente), mas a colheita é obrigatória (em algum ponto futuro), sempre modificável a qualquer momento.

LEI DE DESTRUIÇÃO

A HUMANIDADE É uma grande família em busca de progresso e bem-estar. Só a união de esforços e boa dose de renúncia e sacrifícios podem proporcionar o almejado. Êxitos e fracassos são de responsabilidade de todos. Alguns benefícios e prejuízos não atingem a todos os habitantes do planeta, entretanto, quanto mais evoluímos em termos de tecnologia, transportes e comunicações de um lado, e moralmente do outro, tanto maior será a participação de todos em tudo o que acontece.

A marcha do progresso avança em convergência dos interesses comuns a todos os seres, unindo-os contra a autodestruição promovida pela insanidade própria do homem. São assim os movimentos ecológicos, a luta contra o câncer ou os esforços diplomáticos para inibir totalmente o uso dos arsenais atômicos. Ninguém mais pode ignorar os perigos da energia nuclear, ainda que para usos pacíficos, o terrorismo internacional, a questão palestina, a fome endêmica na África, o consumo de tóxicos entre os jovens, as sucessivas convulsões sociais e políticas que atingem países do mundo e as crises econômicas globalizadas.

Fatos com intensas repercussões em nossas vidas e se nada podemos fazer individualmente para alterar tais situações, ao menos, constituem valiosas lições sobre a interdependência entre os povos. Milhares de outros acontecimentos afetam-nos diariamente sem que tomemos consciência disso e gradualmente transformam hábitos, criam condicionamentos, adaptando e modificando os homens. À medida que segmentamos os grupos sociais, a reciprocidade de influências inversamente aumenta até atingir o núcleo familiar onde ela alcança grau máximo.

Em grande ou pequena escala, por atos ou pensamentos, todos somos responsáveis pelo que sucede aos outros até nas calamidades que frequentemente assolam desde simples lugarejos até nações inteiras. São as pestes epidêmicas, a fome, inundações, terremotos, naufrágios, furacões, acidentes aéreos, secas, tempestades de neve e frio e as guerras. É o chamado "efeito borboleta".

O Livro dos Espíritos, no seu capítulo VI, questões 728 a 745, trata deste assunto ao qual Allan Kardec denominou de "lei de destruição". Os flagelos são provas que propiciam ao homem a ocasião de exercitar a inteligência, mostrar sua paciência e resignação ante a vontade de Deus e lhe permite desenvolver os sentimentos de abnegação, desinteresse próprio e amor ao próximo.

As grandes tragédias ocorrem com a permissão de Deus para apressar o progresso de certos povos ou do mundo todo. Ou como expiações coletivas com as quais todos aprendem muito. Deus coloca-nos o livre-arbítrio para escolhermos entre o bem e o mal. Se nos desviamos do caminho certo, optando pelo que nos conduz ao cometimento de abusos de toda sorte, medidas drásticas advêm e somos compelidos a retomar os rumos mais harmônicos com as leis divinas e necessidades espirituais.

A luxúria, a sensualidade excessiva, a ambição desenfreada, o ódio entre facções religiosas, as lutas étnicas, a opressão do povo por parte dos governantes são algumas das muitas causas que podem levar um país inteiro à bancarrota como ocorreu com a Roma antiga ou a Alemanha nazista.

Mas e as vítimas de tais catástrofes? Já renteamos com esta questão linhas atrás. Se tudo depende da lei de causa e efeito, segundo a qual, cada um recebe de conformidade com o seu merecimento, como explicar o perecimento de milhares de pessoas independentemente de caráter, idade ou condições socioeconômicas?

Os sofrimentos coletivos dão embasamento à reencarnação. Quando Deus usa de instrumentos fortes como os flagelos naturais, não pode separar os bons dos perversos para que somente estes sejam atingidos. Até poderia, mas não o faz para não derrogar as suas próprias leis. Mas além dos sofrimentos físicos serem excelentes depurativos para a alma e, portanto, nunca inúteis, consideremos também a compensação futura das vítimas.

As endividadas encontram oportunidade para se despojar dos fardos trazidos do pretérito obtendo liberdade para seguir caminho. Quanto as que foram arrastadas sem nada dever, receberão amplas compensações espirituais ou melhores condições de vida material na próxima reencarnação.

Deus é perfeito e Suas leis não poderiam ser diferentes. Mas não devemos negar solidariedade a tais vítimas. A justiça divina supera extraordinariamente todos os modelos que o homem já criou para ela e abrange a todos os fatos, indivíduos e respectivas intenções.

Muitas mortes prematuras ou em acidentes também podem ter esta explicação. Todavia, cabe lembrar que o simples fato de uma pessoa ser boa e honesta nesta encarnação não significa necessariamente que ela não tenha expiações a cumprir. A justiça de Deus é absolutamente imparcial e perfeita, pois se constitui num de Seus atributos fundamentais.

CASOS REAIS QUE DESAFIAM O ESTUDANTE ESPÍRITA

QUANDO SE TRATA do assunto em caráter geral, aparentemente tudo se enquadra perfeitamente dentro de alguns ensinamentos dos instrutores espirituais, entre eles o capítulo VI de *O Livro dos Espíritos*, algumas questões do capítulo X (lei de liberdade) onde se ensina a respeito da fatalidade e do livre-arbítrio e em *Obras Póstumas*, na abordagem das expiações coletivas. Porém, ao se analisar casos reais e isolados deparamo-nos com particularidades que desafiam nossas convicções.

Como já nos ocupamos longamente com o tema na obra *Destino: determinismo ou livre-arbítrio?*, nos textos citados buscamos somente fornecer essas ideias gerais que explicam as ocorrências envolvendo as catástrofes naturais e as provocadas pelo homem, as mortes prematuras, os acidentes de variada natureza. Temos, então, os conceitos de livre-arbítrio, fatalidade, determinismo, a exclusão do acaso.

Agora, pinçaremos algumas observações, dúvidas e conceitos da mesma obra que possam contribuir ao maior esclarecimento dos leitores com o intuito de evitar as perigosas generalizações tão frequentes em nosso meio. Faremos as devidas conexões com casos reais lá analisados, mas também de outras ocorrências posteriores à sua publicação no ano de 2011.

Em relação ao acidente com o avião da *Gol* que colidiu com um *Legacy* em 2006, vimos que, além de possíveis falhas mecânicas ou eletrônicas, houve diversos descuidos humanos causadores do acidente que culminaram com a morte de 154 pessoas. A pergunta pertinente é a seguinte:

> Deus não pode mais, aliás, tudo? Os espíritos que o ajudam na administração do Universo não poderiam ter intuído os envolvidos para corrigir os erros a tempo? Todos os que morreram "tinham" que morrer? E por quê?

De certa forma, as perguntas se aplicam também ao acidente com a aeronave da companhia TAM meses depois, durante o pouso no aeroporto de Cumbica e que vitimou 199 pessoas. E o naufrágio do Titanic?

Escrevemos na ocasião:

> Deus não determinou a ocorrência que poderia ser evitada... Ele não intervém diretamente em tudo o que ocorre. Para isso estabeleceu leis sábias e justas, imutáveis, porém flexíveis... Deus permitir que algo aconteça não significa que desejasse tal ocorrência...

Portanto, não é a **vontade** de Deus, mas a Sua permissão.

Mas alguém poderia se intrigar:

> Se Ele sabia que poderia acontecer e podendo intervir não o fez, então foi omisso e indiferente ao sofrimento de algumas centenas de Seus filhos. E argumentamos: Deus a tudo provê, porém com a visão infinita. Para a grandiosidade de Sua obra e mesmo da evolução de cada ser, o acidente não passou de um incidente isolado que em nada afetará o conjunto.

E citamos, após, os diversos casos que aparentemente conduziram alguns passageiros para a morte e outros foram desviados dela. É aquilo que muitos chamam de "milagres" ou coincidências, sorte ou azar. Comum ouvir dos que se salvam ou familiares "Graças a Deus" como se fossem os privilegiados. Então todos os outros foram deserdados de Sua misericórdia?

Ao analisar o *tsunami* da Ásia que em 2004 causou a morte de 220.000 pessoas, apontamos que:

> [...] nada é por acaso e nenhum sofrimento é gratuito ou inútil. Se não é um débito a ser resgatado, torna-se um crédito antecipado para a vida pós-terrena e futuras reencarnações.

Consta em *Obras Póstumas* que existem as expiações coletivas onde são reunidas centenas ou milhares de pessoas para serem submetidas aos resgates cujos atos no passado tanto podem ter sido praticados juntos ou separadamente, no mesmo gênero de infração moral ou não, mas que são aproveitados pelas leis divinas da justiça justamente para liberá-las da dívida.

Mas acrescentamos:

> Entretanto, pessoalmente, confessamos encontrar muitas dificuldades para ver no sofrimento destas vítimas (mortes, mutilações, perdas materiais, separação de entes queridos) uma conexão direta e rígida entre causas e efeitos ou ações e reações. Com isso não queremos dizer que tais ocorrências sejam fruto do acaso ou de um determinismo divino caprichoso ou despropositado.

Quanto ao subtópico das enchentes de Santa Catarina de 2011, lembramos a função saneadora dos elementos da natureza descrita na questão 536 de *OLE* e o item 14 do cap. III do *ESE* no qual Santo Agostinho afirma que nos mundos como o nosso há que se lutar contra a inclemência da natureza, trabalho que desenvolve as qualidades da inteligência.

Mais adiante, o foco eram os desmoronamentos do Rio de Janeiro quando afirmamos que Deus não é o culpado pela imprevidência do homem em jogar o lixo nos rios e bueiros, entupindo-os e provocando a inundação das casas ou pela escolha de muitos em construir ilegalmente seus barracos em áreas de risco como margens de rios e morros e se negam a desocupá-los quando instados pelas autoridades para tal.

A responsabilidade é sempre humana nestes casos ou pelo livre-arbítrio mal utilizado no pretérito ou na negligência ou ignorância do presente. *Se* - exemplificam os espíritos na questão 530 de *OLE* - *tua baixela se quebra, é antes em virtude do teu descuido do que por culpa dos espíritos.* Na questão 862, novamente enunciam que o fracasso em muitas ocasiões não é devido à fatalidade, mas resultado de termos tomado o caminho ou decisão errada e "*Aquele que quer atravessar um rio a nado, sem saber nadar, tem grande probabilidade de morrer afogado*". Emblemático! Falam em prejuízos materiais e morte na água.

Admite-se, entretanto, que para um número grande de pessoas que vive nestas condições, isto é, em áreas de risco, não há opção. E exemplificamos:

> Às vezes, é uma avó que quer ficar mais próxima para ajudar cuidar dos netos ou a família inteira que se alojou ali provisoriamente porque favorece o acesso ao local de trabalho ou é o único lugar compatível com a possibilidade do aluguel e assim por diante.

Mesmo assim não deixa de ser mais uma escolha pessoal e deliberada (ainda que fortemente pressionada por fatores exógenos) do que a mão de um destino implacável e inexorável. É onde entra o papel do Estado. Qual a parcela de responsabilidade que cabe às autoridades públicas que não tomam providências preventivas para solucionar o problema?

No início de 2012 as chuvas de verão causaram muitos prejuízos e mortes no Rio de Janeiro, Espírito Santo e Minas Gerais. Destacamos alguns casos curiosos, embora trágicos. Um rapaz durante a ocorrência das fortes chuvas e pressentindo uma possível tragédia, pediu orações pela *internet* para si e a família. Dois dias depois sua casa veio abaixo e ele e os pais sucumbiram sobre os escombros. As preces não foram ouvidas?

Outro caso envolveu uma família que, também receosa com o volume de água que ameaçava arrastar sua moradia, decidiu abrigar-se dentro de um fusca. O casal, dois filhos e outro parente foram soterrados e morreram. A casa ficou intacta.

Neste caso, os indícios mais fortes são no sentido de que havia, sim, uma programação para que eles juntos passassem por esta expiação ou prova espiritual. Seria a vigência da "espécie de destino" traçado a partir de uma escolha prévia de prova ou expiação conforme a questão 851 de *OLE*, já citada.

Mais contundente e quase uma réplica literal do segundo exemplo acima está na questão 527. Se um indivíduo tem em sua programação desencarnar fulminado por um raio e refugia-se sob uma árvore que é atingida pela descarga elétrica, esta teria sido provocada e direcionada pelos espíritos? A resposta é de que o raio iria atingir aquela árvore de qualquer forma, mas o homem, para cumprir com o destino previamente escolhido por ele, viu-se inspirado a tentar abrigar-se sob ela.

Quanto à outra ocorrência inusitada é de se perguntar, então, se rezar não adianta nada, pois apesar de ter feito isso - só o fato do rapaz pedir orações a terceiros não deixa de ser uma prece dele próprio - acabou morrendo. Há certos desígnios de Deus, o chamado determinismo divino, contra os quais não podemos lutar porque devem ser cumpridos inelutavelmente.

Quando podemos isolar de certos fatos a negligência humana, incluindo autoridades responsáveis pela administração pública de um lado e, às vezes, a imprudência da própria vítima, resta-nos aventar a possibilidade de que aquele fato era inevitável. Não por força do acaso, mas de causas superiores à vontade humana. A oração é um recurso valioso que emana das pessoas de fé, mas ela por si só não é suficiente para conjurar acontecimentos necessários, por algum motivo, ao aprendizado e evolução da alma.

Mais um caso ilustrativo, agora envolvendo um só indivíduo. Um universitário preparava-se para realizar a última prova do curso de direito em Rolândia-PR quando um pedaço de concreto descolou da parede do prédio e caiu sobre ele, causando traumatismo craniano. Não foi um daqueles casos em que há negligência de autoridades, por exemplo, quanto à manutenção de uma ponte ou um buraco na rua. Alguns talvez classifiquem o ocorrido como uma ironia do destino ou fatalidade.

Curiosamente, a questão 259 de *O Livro dos Espíritos* deveria caber literalmente ao caso. "*Se, passando por uma rua, uma telha te cair na cabeça, não creias que estava escrito, como vulgarmente se diz*". O alerta serve para desmistificar crenças exageradas na existência de um destino que contemplaria todos os detalhes da vida. Contextualizada a afirmação junto às demais colocações feitas pelos espíritos superiores sobre o intrigante tema envolvendo fatalidade, acaso, determinismo, livre-arbítrio e destino, percebemos que algumas vezes forças ocultas e alheias à nossa vontade atuam sobre nossas vidas, dando-lhes rumos surpreendentes, felizes ou não.

Coincidências são possíveis em se tratando das leis físicas, como a matemática. Com a vida humana é diferente. Ninguém, bom ou mau, fica à deriva no oceano da experiência terrestre. Culpamos o ambiente externo - incluindo as outras pessoas -, por nossas mazelas em vez de reconhecer que a causa delas, na maioria das vezes, originou-se em nós. Corremos riscos à integridade física tanto quando nos expomos aos vícios e excessos, como ao apostar a sorte contra os limites da velocidade no trânsito. Na prática dos esportes radicais muitas vezes a prepotência de almejar a quebra de sucessivos recordes ou a abdicação da prudência pode mutilar ou matar.

O acaso não existe. E se, como no caso deste rapaz, não houve erro nem dele nem de terceiros, é de se supor que a causa do acidente pode estar ligada a vidas passadas. A ocorrência nestas circunstâncias banais e às vésperas da formatura não pode ser atribuída a um cochilo divino. Ou se trata de uma expiação por grave erro cometido em reencarnação pretérita ou uma provação espiritual solicitada por ele quando da elaboração do projeto de vida futura realizado antes de nascer.

Para abreviar essa exposição, evitando demoradas repetições, remetemos o leitor à nossa obra já citada *(Destino...)* onde tivemos oportunidade de tratar de outros temas correlatos como, por exemplo, as violências sexuais, incluindo os estupros e a pedofilia; enfermidades como a AIDS, a gripe suína ou H1N1; vítimas de balas perdidas e vários outros casos reais ocorridos nos últimos anos, no Brasil e no exterior - como os atentados terroristas ao *World Trade Center*.

AVIÃO COMERCIAL ABATIDO POR UM MÍSSIL: DESTINO? E A QUEDA DAQUELE EM QUE ESTAVA O CANDIDATO À PRESIDÊNCIA

QUINZE MINUTOS! É a duração do quadro *Tema Livre* no programa de TV *Diálogo Espírita* que a nossa associação (ADE-PR) produz e apresenta. Na quarta-feira, 13 de agosto de 2014, estávamos gravando e o assunto discutido foi... "o avião comercial abatido por um míssil", no mês anterior, na Ucrânia. No exato momento que fazíamos isso - de alguns minutos antes e até um pouco além das dez horas da manhã, o avião que transportava o candidato à presidência da República, Eduardo Campos, caía em Santos, litoral de São Paulo.

Com certeza esses dois fatos não possuem nenhuma relação entre si e se trata somente de uma coincidência. Já o acidente em si não tem nada a ver com o acaso porque a vida não é casual, mas causal. Alguns comentários cabíveis já foram relatados há pouco quando tratamos de outros acidentes aéreos e não iremos repeti-los aqui.

Em relação à aeronave abatida na fronteira da Ucrânia com a Rússia, podemos qualificar o incidente como um 'ato criminoso inconcebível' ou um 'erro grotesco involuntário'.

Mas, do ponto de vista espírita, que é o que mais nos interessa, não temos condições de ser taxativos sobre as causas pelas quais aquelas pessoas morreram. Não teve falha mecânica, adversidades climáticas ou erro humano, seja da tripulação, seja do apoio em terra. Também não se trata de mistérios ainda não explicados como o que envolveu coincidentemente - olha ela aí novamente - outro voo da mesma companhia e que desapareceu no Oceano Índico, em março daquele ano.

Não temos as informações necessárias para saber se era 'destino' delas, expiação coletiva ou foi arbitrariedade ou engano de pessoas que precipitaram aquelas desencarnações. Ninguém morreu de graça, mas Deus permitir é diferente de ser de Sua vontade. Um indivíduo ou grupo pode ser vítima da imposição do livre-arbítrio mais forte de outro.

Antes de seguirmos em nosso raciocínio, cabe listar alguns daqueles casos particulares e curiosos que sempre acontecem nesse tipo de ocorrência. Um ciclista holandês "driblou" a morte duas vezes. Em março desistiu do voo que desapareceu no Índico ao optar na última hora por uma rota sem escalas. Na segunda vez quis economizar 300 euros e conseguiu o último lugar num voo de outra companhia.

Um casal e o bebê de colo não conseguiram embarcar por falta de assentos e foram realocados em voo de outra companhia horas mais tarde. "*Obviamente tem alguém olhando por nós lá de cima e não nos deixou embarcar"*, exclamou a mulher.

A australiana Kaylene Mann perdeu um irmão e a cunhada no voo desaparecido em março e neste outro a enteada e o marido dela. Haveria aí alguma relação? Um comissário de bordo não estava escalado para o voo interrompido pelo míssil, mas trocou com um colega na última hora.

Vale lembrar, para mantermos a coerência, que atrasos, trocas de voo e de escala da tripulação ocorrem com muita frequência e não são comentadas porque os voos transcorrem normalmente, nada de especial sucede. E mesmo sonhos com acidentes muitas vezes são sinais de preocupações com a viagem a ser feita ou de um parente, mas não se concretizam.

E nem tudo o que acontece conosco no presente é consequência de vidas passadas. A cada dia, a cada momento estamos todos reconstruindo o destino, alterando os efeitos do passado e gerando novas causas que repercutirão no futuro próximo ou nas vidas futuras.

Algumas escolhas que fizemos antes de reencarnar podem ser mudadas; outras não, tanto pelos próprios indivíduos como pelos chamados guias ou espíritos protetores. E, então, pergunta-se: por que alguns conseguem escapar e outros não?

Não há privilégios para ninguém. Mas perguntamos: quem tem mais chance de driblar uma situação de risco dessas quando não depende de si, quando algum outro é que agiu com negligência, irresponsabilidade ou dolo? Será aquele que a vida toda apresenta uma conduta reta, demonstra fé em Deus e pratica o bem ou aquele que só lembra de orar em desespero na hora em que o avião já está caindo?

Uma eventual intuição, um pressentimento, uma ajuda de um bom espírito alcança mais facilmente aquele que mantém a mente e a alma receptivas às boas influências, que apresenta em seu currículo significativos merecimentos.

Porém, se ele tem um resgate cármico compulsório a cumprir, se aceitou ou solicitou determinada expiação ou prova moral, então, nem ele nem os espíritos protetores poderão evitar a sua desencarnação naquele acidente ou catástrofe natural. Algumas vítimas ali poderiam estar pagando dívidas contraídas no passado enquanto outras somente adquirindo créditos para o futuro.

Já em relação à aeronave que caiu em Santos vitimando sete pessoas, entre elas o candidato à presidência da República, Eduardo Campos, vemos uma situação diferente em vários aspectos. Não emito opinião sem base doutrinária e muito menos alimento a pretensão de possuir todas as respostas.

Mas, como estudioso do assunto há muitos anos, sinto-me motivado e à vontade para, ao menos, especular hipóteses que justifiquem a ocorrência em questão. O que gostaria de colocar é que, à minha modesta análise, esse acontecimento "tinha que acontecer", estava previsto, não cabem explicações de que alguém ali, principalmente a pessoa mais ilustre a bordo, poderia ter sido vítima de uma fatalidade ou da ação de um terceiro através do livre-arbítrio mais poderoso. As informações iniciais apontavam para uma provável falha mecânica. Mais tarde a Aeronáutica concluiu que o que houve foi falha do piloto.

Uma vida humana é tão importante quanto outra qualquer e cada uma daquelas quase 300 vítimas do acidente da *Malasya Airlines* que desencarnaram porque o avião em que viajavam foi atingido estupidamente por um míssil; ou o quase idêntico número de vítimas do voo desaparecido no Índico em março ou qualquer outro acidente aéreo, naufrágio, terremoto, todas elas têm importância igual.

Todos tinham suas vidas, sonhos, laços familiares, contribuições sociais; no primeiro exemplificado, havia uma equipe de médicos especialistas em AIDS a caminho de um congresso. Mas, não podemos também negar o fato que estamos falando agora de um homem em campanha política visando assumir o comando de um país de 200 milhões de pessoas!

Que cada um pare um instante e reflita sobre o que pode representar a morte dele. Quem mais se beneficiou: a então presidente e candidata à reeleição, o outro candidato de oposição ou aquela que emergiu de uma quase obscura candidatura à vice para ser a protagonista? Ou o povo brasileiro? Respostas mais claras e definitivas talvez ainda surjam no futuro.

A morte de Eduardo Campos, por coincidência - de novo -, três dias após o seu aniversário e na mesma data da morte do avô de quem se tornou herdeiro político - pode ser até que pelos ignorados caminhos traçados por ele mesmo na espiritualidade, antes de reencarnar, tenha um caráter sacrificial pela pátria. Em espiritismo diríamos: missionário.

Com certeza, pessoas em geral que acabam representando papéis relevantes à sociedade têm um delineamento, um projeto espiritual de vida bastante meticuloso, embora sempre lhes restando espaço para mudanças, para o melhor e para o pior.

Os espíritos nos ensinam que muitos fracassam em seus projetos, levados pelo orgulho, pelo egoísmo, pela ambição econômica ou de poder. Algumas vezes também a morte sobrevém como forma profilática de evitar que no futuro o indivíduo justamente enverede por trilhas sombrias de equívocos graves que comprometeriam seu futuro espiritual e de outras existências. Pode ser, tudo pode ser.

Mas, sem querer transformar ninguém em mártir e exclusivamente em opinião pessoal, Eduardo Campos não parecia se enquadrar nesse perfil. Prefiro vê-lo como alguém cuja desencarnação aparentemente precoce provocará mudanças necessárias ao país, ainda que eventualmente essa mudança signifique o estado de não mudança.

Para uma desencarnação nessas circunstâncias nem sempre é possível separar quem deve perecer e quem não. É o caso dos pilotos e dos assessores. Mas nem isso é possível estabelecer como regra. Quem garante que em outra existência os sete já não tenham se envolvido em alguma atividade em grupo? Julgar a natureza dessa atividade seria leviandade.

Alguns mais apressados podem querer afirmar que juntos eles teriam cometido algum delito e que agora tiveram que se ressarcir junto à justiça divina. Como sempre deixo bem claro, embora admita essa explicação em alguns casos, por questão de lógica e de "fé raciocinada", encontro resistências íntimas para catalogar todos os casos a esta explicação.

Nossas experiências terrenas são constituídas de expiações, sim, mas também de provas e missões. E nem tudo o que acontece no presente é consequência do passado. Isso não anula a lei de causa e efeito. Apenas nos mostra que o hoje em parte é efeito do ontem, mas, concomitantemente, é tempo de construção através de novas ações que trarão resultados no amanhã.

Só mais um detalhe: o planejamento foi tal que poupou a outra candidata da chapa que, por causa de um encontro ou reunião a mais no Rio de Janeiro, decidiu não acompanhar Eduardo ao litoral paulista.

EM MEIO À DOR, ALGUMAS EXPLICAÇÕES SOBRE A TRAGÉDIA DE SANTA MARIA

O DESTAQUE AQUI são as circunstâncias do evento: um incêndio, razão pela qual evocamos os episódios históricos que estariam entrelaçados pela lei de causa e efeito para avaliarmos se podemos ou não aplicar essa pretensa relação com o caso atual. Em resumo: supondo que os fatos narrados pela psicografia de Chico Xavier não comportem nenhuma dúvida, serviriam para estabelecer uma regra geral para casos semelhantes?

Vamos aos fatos. No livro *Cartas e crônicas* o espírito Irmão X narra que no ano de 177, no governo do imperador Marco Aurélio, cerca de 1.000 mulheres e crianças cristãs foram supliciadas num circo queimadas ou por pisoteamento de cavalos. Cerca de "*mil pessoas ávidas de crueldade*" encarregaram-se de conseguir cada uma, capturar uma vítima para o espetáculo.

Em 17 de dezembro de 1961 o incêndio num circo em Niterói-RJ teria servido para a aplicação da justiça divina ao aproximar pela reencarnação todos os responsáveis para o resgate coletivo. O incêndio criminoso fora planejado por vingança de um homem dispensado e agredido, na véspera, do serviço de montagem do circo; e executado com mais dois comparsas, um ladrão condenado e um morador de rua alcoólatra, que puseram fogo com um litro de gasolina. Os homens foram condenados a 16 anos de prisão. Cerca de 500 pessoas morreram queimadas e pisoteadas pelas outras enquanto tentavam escapar.

A primeira pergunta que se impõe é sobre os outros 500 recrutadores das vítimas. Talvez tenham se reabilitado em outras reencarnações, tempo e lugar ou mesmo de uma forma diferente, o que poderia incluir tanto diferentes modos de morte como através de créditos morais que amortizassem os débitos então contraídos.

Na questão 866 de *OLE* consta que os sofrimentos experimentados na atual reencarnação nem sempre têm relação com erros cometidos nas anteriores. Podem ser provas solicitadas para progredir espiritualmente de modo mais rápido. E conforme a questão 259, muita coisa que nos sucede no presente tem a ver com atos praticados nesta vida e não em outras porque estamos sempre refazendo o destino.

Trazemos do passado tendências, probabilidades, mas não determinismos inescapáveis. Podemos desertar de compromissos assumidos, de missões que julgávamos ser capazes de cumprir e agora titubeamos. Provas e expiações podem ser atenuadas, adiadas ou canceladas, dependendo da conduta atual, disposições interiores e esforço e mérito no caminho do bem.

No caso do incêndio de Santa Maria, pelo noticiado, houve falhas de conduta e fiscalização por parte dos responsáveis pelo local, músicos, seguranças e autoridades públicas. Mas e Deus e os espíritos superiores não poderiam ter interferido? Todos os que morreram "tinham" que morrer? E os que se salvaram? Já perguntamos isso antes e já respondemos.

Para reforçar, o planejamento reencarnatório deste ou daquele é que não previa ainda a partida da vida física. Sobrevive-se não por privilégio divino, diferenças religiosas ou grau de fé. São afastados da circunstância porque seu destino era diferente e suas experiências no corpo ainda não haviam chegado a termo.

Não podemos adiantar certeza alguma sobre as razões espirituais da tragédia. Seria temerário afirmar que as vítimas de agora tenham sido autores de delitos graves em vidas passadas. Raciocínios simplistas e descaridosos que contribuem pouco ou em nada para amenizar as dores dos envolvidos.

Porém, Deus não comete injustiças e nossas vidas não estão ao sabor do acaso ou de brutais fatalidades. Espíritos milenares que somos, necessitamos de expiações para reparar, de provas para crescer e de missões para progredir ainda mais rapidamente. Por quais caminhos temos que seguir para alcançar tais metas, só Deus sabe.

Este é o *Admirável mundo em que vivemos!* À espera do nosso despertar espiritual, nossa transformação moral e trabalho de todos no bem para que o egoísmo e a ignorância enfraqueçam, as dores diminuam e a paz e a felicidade envolvam toda a Humanidade! Um passo dos espíritos para a luz. Um degrau acima da Terra regenerada na escala do Universo!